地方自治法への招待

白藤 博行 [著]

自治体研究社

序文
　——人間の尊厳・基本的人権の破砕に抗う地方自治

　2017年は日本国憲法施行70周年の年ですが、日本国内には、やっと憲法施行45周年を迎えた地域があります。沖縄です。その沖縄では、1995年、米兵による少女暴行に対する「満腔の怒り」で満ちた県民総決起集会で、「基地が沖縄に来てから、ずっと加害は繰り返されてきた。基地があるゆえの苦悩から、わたしたちを解放してほしい。今の沖縄はだれのものでもなく、沖縄の人々のものだから。私たちに静かな沖縄を返してください。軍隊のない、悲劇のない、平和な島を返してください」とひとりの女子高校生が訴えました。その願いは、いまだに実現していません。2016年に起きた元海兵隊員の軍属による暴行殺人事件をはじめとして、米軍がからむ日常の事件・事故は、いまでも後を絶ちません。

　沖縄の本土復帰への希望は、基本的人権の保障や平和主義を明文化したピカピカの日本国憲法の下への復帰であったはずですが、実際は、憲法、とりわけ憲法9条は沖縄を守ることができないまま今日を迎えています。それどころか、2017年5月3日、沖縄の基地負担をさらに増大しかねない安倍晋三総理の9条改憲宣言まで飛び出し、「押しつけ改憲」論が始まっています。

　その沖縄で普天間基地の危険除去を口実にした辺野古新基地建設が、沖縄の民意に反して強行され、辺野古の美ら海の埋め立て工事が急速に進められていることをどれだけの日本国民が知っているでしょうか。憲法を敵視する者たちが、憲法改悪の明確な意思をもって、日本国の本土防衛を企図して、第二次世界大戦の敗戦のときと同じように、またしても沖縄を捨て石にしようとしているのです。そして、すでに沖

縄の宝の海に実際に捨て石を投げ入れる暴挙に出ているのです。沖縄県民の生命、尊厳、基本的人権を脅かしながら、沖縄県民の未来を奪う軍事基地の一層の強化が安全保障の名のもとで進められている現実を、どれだけわたしたちは知っているでしょうか。

　辺野古の美ら海のサンゴ礁が埋め立て工事によって破砕されるように、沖縄県民の人間の尊厳や基本的人権は破砕され続けてきています。日米安全保障条約、日米地位協定等に基づくアメリカ合衆国と日本国の安全保障の実現と称して、日本国憲法のもとで本来すべての日本国民に保障されるべき人間の生命、人間の尊厳、基本的人権が、沖縄県民に対してのみ差別的に取り扱われているのです。人間の生命、人間の尊厳、基本的人権の保障の差別化は、本土と沖縄の絆を断ち、沖縄県民を憲法の保障・保護対象から除外するという意味において、「沖縄棄民政策」というしかありません。このように辺野古唯一論に異様なまでに執着し、辺野古新基地建設を強行する日本国政府の行為は、立憲国家・法治国家をあざ笑うかのごとき明らかな憲法違反の行為です。もはや日本の「改憲実態」は、ここまで深刻な状態に陥っているのです。

　この点、最近、宮本憲一先生が、辺野古新基地問題を素材にして、「安全保障と地方自治」について、積極的な発言を続けておられることが注目されます。直近では、ずばり「地方自治の本旨と安全保障」と題して、辺野古新基地問題が日本の安全保障と地方自治のあり方を問う本質的問題であるとの問題提起を行い、最高裁判所がさしたる検討のないまま、国からの不作為の違法確認訴訟判決（2016年12月20日）において、翁長雄志沖縄県知事の辺野古埋立承認取消処分を違法としたことを不当であると断罪しておられます。*

　わたしは、この「地方自治の本旨と安全保障」の問題は、日本国憲法の核心部分であると考えています。もちろん日本国憲法が、国民主権、

基本的人権の保障、そして平和主義を基本三原則としていることはとても重要です。しかし、地方自治保障がいわば「第四の基本原則」であることも忘れてはなりません。憲法は、第二次世界大戦における日本の戦争責任を踏まえ、①日本が二度と戦争をしないように非軍事化を徹底すること、②戦争国家にいたる主因となった中央集権的国家体制を民主化すること、といったふたつの目的をもって制定されたといっても過言ではないからです。そして、①が憲法9条の平和主義に繋がり、②が民主主義の徹底のための地方自治保障に繋がるのです。まさに平和と地方自治の保障問題が、憲法の核心部分であることがわかります。

　さて、日本国民は、日本国憲法施行70周年・地方自治法施行70周年を祝うことはできても、沖縄本土復帰45周年、したがって日本国憲法施行・地方自治法施行45周年の沖縄の実態をどこまで直視できているのでしょうか。沖縄県の憲法施行や平和と地方自治の問題は、沖縄県だけの問題ではありません。憲法で沖縄の平和と自治の問題を考え、沖縄の平和と自治の問題で憲法を考え、そして、憲法が保障する日本の平和と地方自治の問題について、日本国民みんなで考える必要があるのです。沖縄県民がなぜこれほどまでに辺野古新基地建設に異議を唱え、また異議を唱え続けなければならないのかについて考えてみなければなりません。本書を、一貫してこのような問題意識をもって書いています。本文では、「近くの人権」・「近くの戦争」だけに目を奪われるのではなく、「遠くの人権」・「遠くの戦争」への想像力を養い、日本の人権保障と地方自治の問題について考えてみようという趣旨のことを書いています。たしかに地方自治法は、直接には住民に身近な政治・行政のあり方を規定するものですが、それだけではないという意味です。

　わたしは、日本国憲法の地方自治保障の目的は、地方自治体が国と

並び立って、国民の基本的人権を重畳的に保障するものであると考えています。また、憲法が保障する基本的人権は、生まれながらにして人間が有する「人間の権利」の一部でしかないことも忘れてはならないとも考えています。日本国憲法が保障する以外の「人権」＝「人間の権利」も当然存在し、常にそれらの探求を忘れてはならないということです。

この「人権」は英語で human rights、フランス語で les droits de l'homme、ドイツ語では Menschenrechte と表現されるように、常に複数形で使用されることにも注意した方がいいと考えています。たとえば「あなたの人権」という場合にも、「あなたの human rights」であり、「あなたの les droits de l'homme」であり、「あなたの Menschenrechte」を意味していることが重要なのです。

つまり、憲法の地方自治保障の意味が国と地方自治体による基本的人権の重畳的保障を目的とするものであるという場合にあっても、その基本的人権の保障は、一般的・抽象的な基本的人権保障ではなく、常に個々人の個別的・具体的な人権＝人間の権利を保障・保護していることを理解しなくてはなりません。したがって、地方自治（自治権）、そのうち最も重要な住民の自治（自治権）を論ずる場合であっても、この意義を十分に踏まえないと、一般的・抽象的な地方自治保障の議論に埋没してしまう危険があります。住民一人ひとりの顔を思い浮かべながらの議論でなければなりません。

そこで本書は、この意味で、できる限り個別具体的なトピックスを拾い上げ、できるだけわかりやすく解説する工夫をしています。法律論は、正確に書こうとすればするほど、回りくどく複雑になってしまいますので、どこまで成功しているかは定かでありません。そして、本書の書名を「地方自治法への招待」としたのは、かならずしも法律学を学び始めた学生さんだけを対象としたものではなく、日常の生活の

なかで自分たちの問題を少しでも法的な観点からも考えてみたいと思う市民のみなさんに広く読んでいただきたいと思ったからです。みなさんからのご意見・ご要望を得て、今後取り上げるべきテーマや法制度の問題をよりよくしたいと思います。忌憚のないご意見を切望します。

　最後に、本書のもとになった『住民と自治』の連載では、毎月の締切りに遅れがちの筆者に対して、限りなく丁寧な督促をいただきました谷口郁子さんに感謝いたします。そして、丁寧なお仕事で単行本に仕上げていただいた寺山浩司さんにも、心から感謝を申し上げます。

　2017年7月　　　　　　　　　　　　　　　　　　　　　　　白藤博行

＊　宮本憲一「安全保障と地方自治」第33回日本環境会議沖縄大会報告集（2017年）13頁以下、同「安全保障と地方自治」『環境と公害』第46巻第3号（2017年）19頁以下。「地方自治の本旨と安全保障」は、『都市問題』2017年5月号の巻頭言。

地方自治法への招待 ◉ 目次

序文——人間の尊厳・基本的人権の破砕に抗う地方自治　3

第1章　地方自治法と憲法　15

●憲法と地方自治の話　15

内務省にとっては、まっさーかーの「マッカーサー草案」　15　　マッカーサー草案をいまの憲法と見比べてみると　17　　GHQの憲法制定の目的は、日本の「非軍事化」と「民主化」　19　　「地方自治の本旨」ってなに？　20　　「団体自治」と「住民自治」、どっちが大事？　21　　「自治権ってなんだ」を憲法から考える　22

第2章　地方自治体とはなにか　27

●最高裁の「憲法上の地方公共団体」論　27

北杜市は、メガソーラー施設の乱設に対してなにができるか　27　　原村は、高齢者医療費などの無料化を進めている　29　　地方自治法のしくみのなかの地方公共団体　30　　基礎的な地方公共団体と広域的な地方公共団体　31　　国と地方公共団体との適切な役割分担の原則　31　　国と対等な地方公共団体による人権の重畳的保障　33

第3章　住民とはだれか　37

●「憲法上の住民」と「地方自治法上の住民」　37

あなたの住所は、どこですか？　38　　「生活の本拠」とは　38　　「住民基本台帳法上の住所」とは　39　　「日本国民住民」と「外国人住民」との区別　39　　「地縁による団体」と「地域住民」　41　　東日本大震災被災住民・原発事故避難住民の「二重の住民」性　43　　主権者住民による主権者自治　44

第4章　議会はいらないか　47

●地方自治法は、議会の組織や権限などを詳細に規定　47

元兵庫県議・野々村竜太郎の衝撃・笑劇　47　　憲法の「二元代表制」（議会と長）　48　　地方自治法の「二元代表制」（議会と長）　49　　地方自治法が定める議会の権限　50　　国立市景観訴訟にみる議会の議決権　51　　国立市議会の矛盾する二つの議決から議会について考えるべきこと　53　　自治力向上のためには、住民力・議会力・行政力のトライアングルが必要　55

第5章　首長の権力　57

●日本国憲法のもとでの「公選・公吏」への長の改革　57

「公私混同」・「公私一体」の舛添元知事　57　　「執行機関多元主義」のなかの長の地位　59　　地方自治法上の長の権限あれこれ　60　　沖縄県知事・翁長雄志氏が問う自治と分権　61　　福島県浪江町長・馬場有氏が問う自治と分権　63　　まっとうな長、まっとうな民主主義（Decent Democracy）　64

第6章　自治体職員の働き方　67

●住民を代表して住民のために働く労働者　67

宣誓から始まる自治体職員の憲法尊重・擁護義務　67　　自治体職員の権利・身分保障　69　　自治体職員の義務　70　　自治体職員の仕事の仕方や作法が問われる時代の「人事評価」の導入　71　　公務の民間化・民営化と「非正規公務員」急増　72　　自治体職員が変われば、自治体は変わる　住民が変われば、自治体職員も変わる　74

第7章　住民が直接投票で決めるしくみ　77

●直接民主制を正当化する憲法条文　77

憲法上の国民投票制度と住民投票制度　77　　法定住民投票制度と法定外住民投票制度　78　　「直訴する住民」と事項別の「100％の投票民主主義」　80　　直接民主制と間接（代表）民主制との関係　81　　条例に基づく住民投票の実施上の問題　82　　「民主主義からの退場」ではなく、まっとうな住民投票（Decent Referendum）＝「熟議住民投票」を目指して　83

第8章　「直訴」する住民　87

●住民訴訟は「熟議民主主義」と「熟議法治主義」の具体化　87

違法・不当な行政の予防―行政手続法、行政苦情処理制度、オンブズパーソンなど―　87　　違法・不当な行政を正す方法―事後的な行政救済制度―　88　　住民訴訟制度の「民主主義的機能」と「法治主義的機能」　89　　住民監査請求と住民訴訟　91　　住民訴訟4号請求の構造転換と問題点　91　　住民訴訟4号請求における違法性　92　　損害賠償請求権の放棄議決問題と住民訴訟　94

第9章　「公の施設」はだれのもの　97

●公の施設と住民の利用権　97

「営造物」から「公の施設」へ　97　　公の施設の種類と要素　98　　公の施設の利用権　100　　公の施設の「管理委託制度」から「指定管理者制度」へ　103　　住民主権・住民自治の視点に立つ公の施設のあり方　105

第10章　条例は地方・地域の大事なルール　107

●明治憲法下の「条例」と日本国憲法下の条例　107
「非実在青少年」の条例規制　107　　立法自治権の憲法上の根拠　108
憲法の条例と地方自治法の条例　109　　条例制定権の憲法上の限界
109　　法律先占論とその克服　109　　判例における法律と条例との関係　111　　法令による義務付け・枠付けなどの見直しと条例制定権の拡大論　112　　最近の条例の拾い読み　113　　条例は国との対抗と協力の手段　115

第11章　自治体と国との関係　119

●国と地方公共団体は対等・並立・協力関係へ　119
地方自治法が定める国の関与の意義　119　　地方自治法が定める国の関与の原則　120　　地方自治法を直接根拠に行う国の関与　121　　訓令・通達の廃止と処理基準　122　　国の関与の適正手続　122　　辺野古訴訟にみる国の関与の実際　123　　あるべき国と地方との関係の構築を　127

第12章　地方自治を護るために　131

●地方自治の憲法魂　131
世界の"中心"で自治を叫ぶ！　131　　「そこのけそこのけ安保が通る！」が許されるのか　132　　「中央集権の岩盤」を突き崩す　133
裁判所は地方自治（自治権）の守護者たるべき　135　　国と地方の循環関係の確立　136　　「上ってる」場合じゃない「地産地消」プラス「知産地生」　137　　柔張る約束 Love & Passion for Justice　138

地方自治法の条文構成

(2016 年 12 月 9 日現在)

		規定内容
第1編	総則	自治体の種類・名称、法人格・事務、基本原則等
第2編	普通地方公共団体	
	第1章 通則	区域、境界変更、廃置分合
	第2章 住民	住民の意義、選挙権、条例制定・解職請求権
	第3章 条例及び規則	自治体の条例等の制定権
	第4章 選挙	議員・長の選挙権・被選挙権
	第5章 直接請求	条例制定、監査、議会解散、解職の直接請求の手続
	第6章 議会	議会の権限、議会運営、議員の身分等
	第7章 執行機関	長の権限、職員等、議会との関係、委員会等他の執行機関
	第8章 給与その他の給与	給与、報酬、手当等の支給方法、条例主義等
	第9章 財務	予算、収入・支出、契約、債権、時効、財産管理、住民監査請求・訴訟
	第10章 公の施設	設置、廃止、管理の条例主義、指定管理者制度等
	第11章 国と普通地方公共団体との関係及び普通地方公共団体相互間の関係	国の関与方法、自治体間での協議会・機関の共同設置、事務の委託、都道府県の事務の市町村の事務処理等
	第12章 大都市等に関する特例	指定都市、中核市、特例市制度
	第13章 外部監査契約に基づく監査	包括外部監査、個別外部監査の手続等
	第14章 補則	審査請求手続、自治法に基づく権利侵害是非手続、郡・町・字、地縁団体、特別法の住民投票手続
第3編	特別地方公共団体	特別区、一部事務組合、広域連合、財産区等
第4編	補則	事務の区分（法定受託事務の明記）
附則		

資料：総務省、電子政府の総合窓口「イーカブ」

第1章 地方自治法と憲法

●憲法と地方自治の話

　なぜ憲法で地方自治が保障されることになったのか。そしてその内容はどのようなものなのか、憲法の制定過程を少しだけ振り返りながらみてみます。

　よく「押しつけ憲法」という不躾な憲法批判を耳にしますが、地方自治については、どうなのでしょうか。いろいろな憲法草案がありました。政党では、唯一日本共産党が「日本人民共和国憲法草案」（1946年6月29日発表）を提案しました。しかし、残念ながらそこには「地方自治」の用語はみあたらず、かろうじて地方議会の選挙などに触れているだけでした。「地方自治」という語は、たった一つ、京都帝国大学名誉教授・佐々木惣一博士の草案のなかにありました。*1 これをみても、地方自治が当時の日本人にとって、いかに縁遠い制度であったかということがわかります。

内務省にとっては、まっさーかーの「マッカーサー草案」

　ダグラス・マッカーサーを知っていますか。サングラスにコーンパイプをくわえ、連合国軍総司令部（GHQ）の最高司令官として、ハリウッド俳優並みに厚木飛行場に降り立つ姿の写真があまりにも有名です。余談ですが、彼の愛用したコーンパイプは、「マッカーサータイプ」としていまでも市販されているようです。

このマッカーサーが日本国憲法草案(「マッカーサー草案」英文)を日本側に提示しました。この草案の「第8章　地方政治(Local Government)」の日本語訳は、つぎのようです(下線は筆者)。

第8章　地方政治(1946年[昭和21年]2月26日臨時閣議で配布された外務省仮訳)

第86条　<u>府県知事</u>、<u>市長</u>、<u>町長</u>、徴税権ヲ有スル其ノ他ノ一切ノ<u>下級自治体</u>及法人ノ行政長、府県議会及地方議会ノ議員並ニ国会ノ定ムル其ノ他ノ府県及地方役員ハ夫レ夫レ其ノ社会内ニ於テ直接普通選挙ニ依リ選挙セラルヘシ

第87条　首都地方、市及町ノ住民ハ彼等ノ財産、事務及政治ヲ処理シ並ニ国会ノ制定スル<u>法律ノ範囲内ニ於テ</u>彼等自身ノ憲章ヲ作成スル権利ヲ奪ハルルコト無カルヘシ

第88条　国会ハ一般法律ノ適用セラレ得ル首都地方、市又ハ町ニ適用セラルヘキ地方的又ハ特別ノ法律ヲ通過スヘカラス但シ右社会ノ選挙民ノ大多数ノ受諾ヲ条件トスルトキハ此ノ限ニ在ラス

一方、現在の日本国憲法の地方自治保障条項は、以下のようです。

第8章　<u>地方自治</u>

第92条　地方公共団体の組織及び運営に関する事項は、<u>地方自治の本旨</u>に基いて、<u>法律でこれを定める</u>。

第93条　地方公共団体には、<u>法律の定めるところにより</u>、その議事機関として議会を設置する。

地方公共団体の長、その議会の議員及び法律の定めるその他の吏員は、その地方公共団体の住民が、直接これを選挙する。

第94条　<u>地方公共団体</u>は、その財産を管理し、事務を処理し、及び行政を執行する権能を有し、<u>法律の範囲内で</u>条例を制定することができる。

第95条　一の地方公共団体のみに適用される特別法は、法律の定めるところにより、その地方公共団体の住民の投票においてその過半数の同意を得なければ、国会は、これを制定することができない。

マッカーサー草案をいまの憲法と見比べてみると

①そもそも章名が違い、「地方自治の本旨」が入る

　マッカーサー草案を書き換えたのは、当時の内務省ですが、ずいぶん大事な変更がみられます。まず、章名が、「地方政治（政府）」（Local Government）から「地方自治（Local Self-Government）」に変更されていることに気づきます。同時に、総則条文に当たる「地方公共団体ノ組織及運営ニ関スル条規ハ地方自治ノ本旨ニ基キ法律ヲ似テ之ヲ定ムベシ」といった１カ条が途中で付け加えられましたが、これも最終的には「地方公共団体の組織及び運営に関する事項は、地方自治の本旨に基いて、法律でこれを定める」となっています。

　ここでのキーワードは、「地方自治の本旨」です。章名の「地方自治」の英訳は"Local Self-Government"なのですが、本文の「地方自治の本旨」は、"principle of local autonomy"と英訳されています。なぜ「地方自治の本旨」が"principle of local self-government"とされないのか、逆に、なぜ章名が

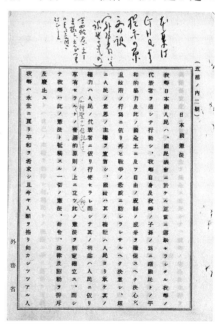

GHQ草案（1946年２月13日）、「日本国憲法の誕生」資料と解説3-15、国立国会図書館ウェブサイトより

"Local Autonomy"ではないのか、なんだか不思議です。英語がわかる、わからないという理由だけではなく、「地方自治の本旨」とはなにかという問題は、いまでもわたしたちを悩ませる大問題です。法律学では解釈する人によって意味がおおいに異なる用語のことを「不確定法概念」といいます。「地方自治」の本旨は、まさにこれにあたります。

②"regulations"は条文で意味が違う

条文によって意味が違っていて紛らわしいのが、"regulations"という用語が使われている第92条と第94条です。第92条では、当初、"regulations"は「条規」と訳されていたのですが、その後、「事項」と改訳されており、第94条では、「条例」を意味しています。この「条例」の箇所は、そもそもマッカーサー草案では、その地域に住む人々が自治体をつくるといったアメリカ流の地方自治（「ホームルール」制）の考え方をもとにして、「憲章」（charters）と書かれていました。「憲章」を日本風にイメージすると、「自治体憲法」といったところでしょうか。それが「条例」と書き換えられてしまったのでは、なんだか憲章制定権が条例制定権に狭められ、その「条例」も「事項」と同じ英訳があてられるようでは、その位置づけも低くなったようにみえます。ちなみに、マッカーサー草案でも、内務省案でも、憲章制定権あるいは条例制定権を行使する主体は、当初、「住民」とされていましたが、いつのまにか「地方公共団体」になっているところも意図的にみえますね。

ほんの少し条文の違いを探すだけで、それぞれの思惑が見え隠れして興味津々です。このような比較をもっと続けると、どうも憲法が保障する地方自治の中身は、マッカーサー草案で決まりというわけではなく（つまり、「押しつけ憲法」ではなく）、ずいぶん内務省の考え方が埋め込まれ修正され（わたしは、これを「日本化」と呼んでいます）、さいごは大日本帝国憲法（明治憲法）下の帝国議会で審議され、制定

されたこともわかります。

GHQの憲法制定の目的は、日本の「非軍事化」と「民主化」

　ここではマッカーサー草案に対する過敏な内務省の「抵抗」が、条文の一つひとつの言葉遣いに表れていることが少しでもわかってもらえれば十分です。では、GHQは、そもそもどのような憲法をつくりたかったのでしょう。

　憲法は国民主権、基本的人権の尊重、そして平和主義（「戦争の放棄」）を大事な3本柱と位置づけています。そして、地方自治の保障が、いわば第4の柱として位置づけられていることはあまり知られていません。

　GHQは、日本の引き起こした「15年戦争」（満州事変［1931年］から1945年のポツダム宣言受諾による第二次世界大戦の敗戦までの約15年間の戦争状態）の原因を、日本の軍国主義のなかにみていました。そして、その根本原因が国内行政のすべてについての強い支配権を有していた内務省と軍部の中央集権的国家体制にあったとみていました。そのため、GHQの憲法制定の目的は、なによりも日本を「非軍事化」・「民主化」し、本当の意味での立憲主義国家を構築することとされたのです。「非軍事化」は憲法第九条の平和主義（戦争放棄）へ、そして「民主化」は「分権化」、すなわち地方自治の保障に向かうことになります。ただ、その「分権化」の具体的中身については、GHQ内部の意見の対立もあり、また、佐藤達夫を中心とする内務省の対応*5も巧みであったため、必ずしもGHQの思惑どおりに事が運んだとはいえないようです。

　GHQは、地方自治の憲法保障をとおして、日本の「民主化」、すなわち「地方自治化」・「地方分権化」の核心部分を確保し、同時に、その改革の中心となった内務省そのものを解体したことで、明治憲法下

における中央集権国家体制に終止符を打ったつもりだったのでしょうが、そんなに甘いものではなかったようです。

内務官僚たちの微妙すぎる「修正」は、GHQの意図を巧みに「日本化」して、換骨奪胎した部分がたくさんありそうです。この「修正」または「日本化」は、地方自治の憲法保障にさまざまな「集権の楔(くさび)」を打ち込むことになったのでは、という疑念が沸いてくるところです。実際、地方自治の憲法保障にもかかわらず、機関委任事務[*6]体制といわれる中央集権的な事務処理体制が行政実務で支配したことは、憲法の理念と現実との距離がとても遠いことを示すものです。

「地方自治の本旨」ってなに？

さて、キーワードである「地方自治の本旨」について、なにを意味するのかはっきりわからないといってすませるわけにはいきません。「地方自治の本旨」の意味をはっきりさせないと、地方自治の憲法保障の意味がなくなってしまうからです。

「地方自治の本旨」とは「団体自治」と「住民自治」だと答えている解説をよくみます。[*7]法律学的にいえば、「中央集権的な官僚行政を排斥し、地方分権的な民主的行政を確立し、国から独立した地方公共団体の存在を認め、この団体が、原則として、国の監督を排除し、自主自律的に、直接または間接に、住民の意思に基づき、地方の実情に即して、地方行政を行うべきこと」ということになります。要は、地方公共団体の「国からの自由」と、住民の意思に基づく地方自治の運営ということです。

ただ、そうはいいながら、憲法自身が「法律でこれを定める」（第92条）とか、「法律の範囲内」（第94条）で条例を定めるといったような書き方で、あたかも法律の定め方次第で、地方自治のありようはいかようにもなりそうです。このような法律による縛りのことを「法

律主義」とか「法定主義」といいます。これは、地方公共団体たるもの、国の基本的な統治構造の一環をなすべきものですから、地方公共団体がそれぞれ思いつきでその組織および運営に関する事項を定めるべきものではなく、国の法律でこれを定めるべきであるという考え方です。

そこでこれに対して、この法律が地方自治をむやみに侵害しないように、憲法自身がこの法律に「地方自治の本旨」に基づくものでなければならないという縛りをかけるという考え方が大事になるわけです。したがって、憲法学や行政法学では、最も重要なのはこの「地方自治の本旨」の中身である、ということになり、「地方自治の本旨」＝「地方自治権の保障」というように解釈されてきたのです。

「団体自治」と「住民自治」、どっちが大事？

しばしば「団体自治」と「住民自治」のどちらが大事という話を聞きます。答えは、どちらも大事ですということです。つまり、両方とも地方自治の保障の車の両輪であるということです。それでもなお、ほんとに、ほんとに、どっちが大事なのかと問われれば、わたしは、「住民自治」の方が大事だと答えます。そのことは、憲法第95条「一の地方公共団体のみに適用される特別法は、法律の定めるところにより、その地方公共団体の住民の投票においてその過半数の同意を得なければ、国会は、これを制定することができない」という条文で示されています。これは、ある地方公共団体だけに適用する特別の法律を制定する場合の住民投票制度を保障したものです。地方公共団体にとって大事なことは、最後には関係する住民が決めるということを憲法そのものが保障したものです。

たとえば、沖縄で問題になっている辺野古新基地建設も、政府が「辺野古しかない」というのならば、そのことをちゃんと法律で決めて、

その法律制定について沖縄県民の意思を住民投票で確かめたらいいのです。住民投票は「住民自治」の具体化の手法の一つですが、1996年の新潟県巻町の原発建設賛成・反対の住民投票がきっかけで[*8]、その後、日本国中にこの制度の利用が広がりました。住民投票をめぐる法律問題も山ほどあり、あらためて触れたいと思います。

「自治権ってなんだ」を憲法から考える

　日本国憲法制定当時の内務省の思惑を超えて、地方自治の憲法保障の実効性を確保するためには、やはり「自治権ってなんだ」の議論が欠かせません。

　そもそも論として、地方・地域の共同体は、国とは関係なく発生し、存在し、だからこそ自治権を有するのだ、といった考え方があります（「固有権説」）。ただ、日本国憲法のもとで日本国が存在することを前提にすると、歴史的・社会的事実がどうであれ、法制度・法概念としての地方自治については、地方・地域の共同体を自然発生的な存在とする考え方だけですむはずがありません。

　そこで、この地方・地域の共同体に対する国家の支配力を承認して、国家がその支配力を自制しているかぎりにおいて、その共同体の存在を認めるといった考え方が出てきます（「国家承認説」）。ここまで極端でなくても、地方自治はそもそも国家が存在して、その国家から伝来して（導かれ）存在するものだという考え方（「伝来説」）もあります。

　日本では、この伝来説が長い間「通説」といわれてきました。いまでは、この伝来説の流れをくむ「制度的保障説」というのが「通説」らしいです。「らしい」というのは、ほんとのところよくわからないからです。この説は、もともとは法律による地方自治の侵害に対する抵抗の理論であり、保障されるべき地方自治内容を核心領域と周辺領域に分けて、たとえ法律であっても核心領域への侵害までは許されない

として、なんとか地方自治の本質部分だけは保護しようとする法律論です。

　憲法に即していえば、憲法規範として保障されるべき本質と、そうでないものを区別して、前者はなにがなんでも守るという議論です。しかし、逆に、核心領域は守れても、それ以外の周辺領域については、法律による侵害を限りなく許すことになってしまうという意味で、地方自治の最小限保障になりかねない危険があるともいえます。先に述べた法律次第で地方自治の保障の範囲がどうにでもなるといった「法律主義」に関係するちょっと悩ましい問題です。

　これに対して、自治権を人民主権原理あるいは直接民主制の原理から導き出して、より「充実した地方自治」の保障を目指すのが「人民主権説」です。「人民主権」というと、「国民主権」と同じように聞こえてしまうかもしれませんが、これは、フランス革命のときの「国民（ナシオン）主権」論と「人民（プープル）主権」論の争いにさかのぼる話なのです。「国民主権」が、一定の選ばれし人々（お金や教養をもった人々）に主権があるというのに対して、「人民主権」は、普通選挙制度や直接民主主義制度を活用して、一般庶民も含めてみんなで政治をやりましょうという主権と民主主義の話なのです。

　そうなんです。実は、2015年にSEALDs（シールズ）の若者たちが「民主主義ってなんだ？」と問いかけた問題の核心部分なのです。18歳の若者から選挙に参加することの意味は深いですね。

　自治権保障の問題は、憲法レヴェルでは一般的・抽象的ですが、地方自治をめぐる裁判では、常に自治権の内容が問われるので避けることができない問題です。憲法の本を開けば、どこにも書いてある基本中の基本の問題です。ちょっとのぞいてみてください。

注

1 「帝国憲法改正ノ必要」(1945年11月14日上奏)。この草案については国立国会図書館のウェブサイトで読むことができます。http://www.ndl.go.jp/constitution/shiryo/02/042shoshi.html

2 マッカーサー草案 (1946年2月13日)

CHAPTER VIII Local Government

Article LXXXVI. The governors of prefectures, the mayors of cities and towns and the chief executive officers of all other subordinate bodies politic and corporate having taxing power, the members of prefectural and local legislative assemblies, and such other prefectural and local officials as the Diet may determine, shall be elected by direct popular vote within their several communities.

Article LXXXVII. The inhabitants of metropolitan areas, cities and towns shall be secure in their right to manage their property, affairs and government and to frame their own charters within such laws as the Diet may enact.

Article LXXXVIII. The Diet shall pass no local or special act applicable to a metropolitan area, city or town where a general act can be made applicable, unless it be made subject to the acceptance of a majority of the electorate of such community.

3 憲法の英訳版

CHAPTER VIII. LOCAL SELF-GOVERNMENT

Article 92. Regulations concerning organization and operations of local public entities shall be fixed by law in accordance with the principle of local autonomy.

Article 93. The local public entities shall establish assemblies as their deliberative organs, in accordance with law.

> The chief executive officers of all local public entities, the members of their assemblies, and such other local officials as may be determined by law shall be elected by direct popular vote within their several communities.

Article 94. Local public entities shall have the right to manage their property, affairs and administration and to enact their own regulations within law.

Article 95. A special law, applicable only to one local public entity, cannot be enacted by the Diet without the consent of the majority of the voters of the local public entity concerned, obtained in accordance with law.

4 　内務省は、下記のような「1946年3月2日案」（［機密］30部の内第4号）のほか、なん度も書き換えて提案しています。現在の憲法は、この内務省の書き換え作品です。

第8章　地方自治

第101条　地方公共団体ノ組織及運営ニ関スル規定ハ地方自治ノ本旨ニ基キ法律ヲ以テ之ヲ定ム。

第102条　地方公共団体ニハ法律ノ定ムル所ニ依リ其ノ議事機関トシテ議会ヲ設クベシ。

地方税徴収権ヲ有スル地方公共団体ノ長及其ノ議会ノ議員ハ法律ノ定ムル所ニ依リ当該地方公共団体ノ住民ニ於テ之ヲ選挙スベシ。

第103条　地方公共団体ノ住民ハ自治ノ権能ヲ有シ、法律ノ範囲内ニ於テ条例及規則ヲ制定スルコトヲ得。

第104条　一ノ地方公共団体ニノミ適用アル特別法ハ法律ノ定ムル所ニ依リ当該地方公共団体ノ住民多数ノ承認ヲ得ルニ非ザレバ国会之ヲ制定スルコトヲ得ズ。

5 　佐藤達夫＝さとう・たつお、1904－74年。法制官僚。法制局長官、人事院総裁。

6 　機関委任事務＝地方公共団体の首長（都道府県知事、市町村長）等が法令に基づいて国から委任され、「国の機関」として処理する事務のことである。1999（平成11）年の「地方分権一括法」の制定により廃止された。

7 　団体自治＝地方団体が国家から独立し、自主的権限によって、自らの事務を処理しようとすること、住民自治＝自治体の行う行政について、地域住民の参加の機会を広くし、住民自身の意思と責任・負担において当該団体を運営すること。

8 　新潟県巻町の住民投票＝1996年8月4日に行われた日本で最初の住民投票。27年に及んだ原子力発電所建設をめぐる是非を問うた。原発計画反対が61％、賛成が39％。巻町は現在、新潟市西蒲区。

第2章 地方自治体とはなにか

●最高裁の「憲法上の地方公共団体」論

　最高裁（最大判昭和38年3月27日[*1]）は、「憲法上の地方公共団体」といいうるためには、「単に法律で地方公共団体として取り扱われているということだけでは足らず、事実上住民が経済的文化的に密接な共同生活を営み、共同体意識をもっているという社会的基盤が存在し、沿革的にみても、また現実の行政の上においても、相当程度の自主立法権、自主行政権、自主財政権等地方自治の基本的権能を附与された地域団体であることを必要とするものというべきである」と述べています。むずかしい書きぶりですが、最高裁でも、ただ単に法律が地方公共団体であるとしているだけでは足らず、事実上も歴史的にも共同体としての存立実態があり、種々の自治権といえる基本的権能が与えられた地域団体でなければ憲法上の地方公共団体とはいえない、と述べていることはとても重要な要件を示しているといえます。ここが出発点になるので、ぜひとも頭の片隅においてください。では、具体的に地方公共団体の役割・仕事をみていきましょう。

北杜市は、メガソーラー施設の乱設に対してなにができるか

　わたしが住んでいるのは、八ヶ岳南麓の山梨県北杜市小淵沢町というところです。風光明媚という形容がぴったりのすてきな田舎町です。

小淵沢町はもともと立派な地方公共団体のひとつだったのですが、北杜市に吸収合併されてしまい、いまは北杜市の行政区域のひとつにすぎません。

　その北杜市で異変が生じています。市内を車でちょっと走ると、あちらこちらで森林が伐採され、太陽光パネルの設置が急増しているのに気づきます。場所によっては、すでに数万平方メートルのメガソーラー施設が設置されたり、さらに計画されたりしています。原子力エネルギーに代わる再生可能エネルギーの普及という観点からすれば、ソーラー施設そのものが悪いというわけではありません。ただ、北杜市内に約4000カ所も設置される予定であると聞くと、話は別です。森林伐採が森林の保水機能を弱めたり、当該施設で使われる除草剤が「八ヶ岳南麓高原湧水群」の名水（大滝湧水、三分一湧水など）を汚染したり、さらには、20年後には撤去・廃棄されることになるソーラーパネルは、ヒ素、鉛、カドミウムなどを含む処理困難な産業廃棄物になるおそれがあると聞くと、捨てておけない大問題です。

　これに対して北杜市は、「北杜市の美しく風格のある風景づくりの推進及び愛着と誇りの持てる郷土の実現を図ることを目的とする」景観条例を定め、しかも、北杜市太陽光発電設備設置に関する指導要綱も定めながら、これまで放置状態であったようです。そこで景観・眺望・環境を悪化させまいと立ち上がった住民たちは、ソーラー設置に関する規制、とくにメガソーラー施設の設置に対して、無秩序な森林伐採を防止する規制を求めたり、近隣住民との事前協議を義務づけたりすることを求めてきました。ようやく2016年2月19日、同条例に基づく景観計画の変更が行われ、その届出対象行為の工作物に「事業用太陽光発電施設（建築物へ設置するものを除く）」が加えられ、甲斐駒ヶ岳や八ヶ岳、あるいは遠く富士山までの周辺景観への配慮などが求められることになったようです。[*2]

第2章　地方自治体とはなにか　29

山梨県北杜市小淵沢のメガソーラー施設（著者撮影）

　旧小淵沢町環境基本条例は、すべての町民が「豊かな自然環境のもとで、健康で文化的な生活を営む権利を有するとともに、この環境を守り、育て、健全な状態で次世代に継承する責務」を担い、「生態系を含めた広い意味での自然環境の重要性を深く認識し、自然環境への負荷を最小限にした循環型社会の形成を目指して、積極的な行動により環境の保全に取り組」む宣言をしていました。小学校の副読本でも伝えられてきたこの環境保全の精神が、合併とともに消え失せてしまわないように柔張りたいものです。直近では、大滝湧水のすぐ上に計画されている面積約3万平方メートル、ソーラーパネル約1万7000枚のメガソーラー施設の設置反対運動が高まっています。北杜市の役割・仕事から目が離せません。[*3]

原村（はらむら）は、高齢者医療費などの無料化を進めている

　北杜市の隣に位置する長野県原村は、かねて高原野菜などの栽培でも有名な農業を中心とする小さな村ですが、最近では都会からの移住

者も増え、「消滅可能性都市」*4 どころか、人口が毎年少しずつ増えている村です。

　人口急減社会といわれる時代に人口が増えるのには、村の政策・施策という名のいくつもの知恵と工夫があります。わたしは、なかでも医療費特別給付金制度の知恵と工夫に注目しています。地方に住んでいるとなにより心配なのが、安心して医療が受けられるかどうかです。わたしも、夜中に血圧が上がりパニックになりながら、自分で車を運転して（あぶないですよね）、長野県富士見町の富士見高原病院に駆け込んだことがあります。

　原村は、65歳以上の高齢者、18歳以下の子ども、一定の条件を満たす障害者、18歳未満の児童を扶養するひとり親などに対する手厚い医療費助成制度を実施しています。最近では、老人医療費などの無料化を政策とする地方公共団体はめっきり少なくなりましたが、原村はがんばっています。

　ただ心配なことに、老人医療費特別給付金の負担増が顕著なことから、給付年齢の引き上げなどの見直しを迫られているようですが、ふんばってほしいところです。厚生労働省の社会保障審議会に、介護費抑制のための軽度者向けサービスの縮小議論をさせている国とは好対照を成している行政姿勢であり、まさに地方公共団体の果たすべき積極的役割を示す好例でしょう。

地方自治法のしくみのなかの地方公共団体

　さて、法的な話に入ります。北杜市や原村をなんの抵抗もなく地方公共団体といってきましたが、普段、あまり使う言葉ではありません。

　地方公共団体は、そもそも国から存立目的を与えられた行政団体である「公共団体」の一種とされ、とくに地方の区域を基礎とする公共団体であることを強調する意味で「地方団体」*5 と呼ばれ、その後地方

公共団体となったようです。国に統治された地方行政団体というイメージが強いので、地方自治を保障する憲法の下で国と並立する地域的統治団体となったことからすれば、「地方自治体」、あるいは単に「自治体」*6 と呼んだほうが適切でしょう。ただ、ここでは、法令用語の説明も兼ねていますので、便宜上、地方公共団体で統一します。

基礎的な地方公共団体と広域的な地方公共団体

　北杜市や原村のような一般の市町村は、普通地方公共団体であり、しかも、もっぱら「地域における事務」（以下、「事務」は「仕事」と読み替えてください）を処理する「基礎的な地方公共団体」とされています（地方自治法第2条第2項・第3項）。これに対して、都道府県は、同じく普通地方公共団体ですが、「市町村を包括する広域の地方公共団体」で、広域にわたる事務、市町村間の連絡調整事務、そして一般の市町村が処理することが適当でない事務（これを「補完事務」という）を処理することとされます（地方自治法第2条第5項）。

　たとえば、沖縄県が、名護市の辺野古新米軍基地の建設をめぐって国と抗う姿を思い浮かべてください。したがって、北杜市の環境・景観保全行政や原村の医療費補助行政は、「地域における事務」を「基礎的な地方公共団体」が処理しているという説明になります。それではなぜ、「基礎的な地方公共団体」が、これらの大事な事務を処理しているのでしょうか。

国と地方公共団体との適切な役割分担の原則

　それは、市町村が最も地域住民の日常生活にかかわる行政を行うのにふさわしいと考えられたからに違いありません。ちょっと引用が長くなりますが、地方自治法は、「地方公共団体は、住民の福祉の増進を図ることを基本として、地域における行政を自主的かつ総合的に実施

する役割を広く担うものとする」（地方自治法第1条の2第1項）一方、「国は、前項の規定の趣旨を達成するため、国においては国際社会における国家としての存立にかかわる事務、全国的に統一して定めることが望ましい国民の諸活動若しくは地方自治に関する基本的な準則に関する事務又は全国的な規模で若しくは全国的な視点に立って行わなければならない施策及び事業の実施その他の国が本来果たすべき役割を重点的に担い、住民に身近な行政はできる限り地方公共団体にゆだねることを基本として、地方公共団体との間で適切に役割を分担するとともに、地方公共団体に関する制度の策定及び施策の実施に当たつて、地方公共団体の自主性及び自立性が十分に発揮されるようにしなければならない」（同条第2項）と定めています。

　これは、「地域における行政」は、なによりまずは地方公共団体が処理する役割を担うのであって、国の役割は、その役割を補完することである、といったいわゆる「補完性原理」を明文化したものだと解されています。地方分権改革は、法制上は、地方分権推進法の制定（1995年5月）から始まりましたが、すでに「地方分権の推進は、国においては国際社会における国家としての存立にかかわる事務、全国的に統一して定めることが望ましい国民の諸活動若しくは地方自治に関する基本的な準則に関する事務又は全国的な規模で若しくは地方自治に関する基本的な準則に関する事務又は全国的な規模で若しくは全国的な視点に立って行わなければならない施策及び事業の実施その他の国が本来果たすべき役割を広く担うべきことを旨として、行われるものとする」（地方分権推進法第4条）と書かれていました。

　これは、「国と地方公共団体との適切な役割分担の原則」と呼ばれ、1999年地方自治法改正のなかで最も重要な規定です。そして、この「適切な役割分担」の内容の中心は、「住民に身近な行政」は、まず「住民に身近な地方公共団体」が担当するといった「住民近接性原理」で

す。さらに言い換えれば、まずは「基礎的な地方公共団体」である市町村が担当し、そして、市町村が処理できないときには「広域的な地方公共団体」である都道府県が補完的に処理し、それでも無理な場合には、さらに国が補完的に処理するという「補完性原理」が正統化されたと考えられます。したがって、条文上は国と地方公共団体との適切な役割分担の原則なのですが、「都道府県と市町村との適切な役割分担の原則」でもあるわけです。そして、この「国と地方公共団体との適切な役割分担の原則」は、「地方公共団体に関する法令」にかかわる立法原則としても、また、その解釈・運用原則としても、憲法の「地方自治の本旨」に勝るとも劣らないほどの地方自治の大原則となっています（地方自治法第2条第11項・第12項）。

国と対等な地方公共団体による人権の重畳的保障

　以上のことは、国と地方公共団体との関係が、上下・主従の関係から対等・並立関係へと転換したことを前提としています。

　いまは、市町村合併の是非や評価は措くとしても、市町村合併が繰り返された結果、都市化が急速に進み、多くの指定都市・中核市が誕生することになり、一般の市町村を論じるだけでは、もはや地方公共団体論は不十分になってしまったことにも注意が必要です。また、特別地方公共団体である「特別区」（東京都の23区）も「基礎的な地方公共団体」と位置づけられ、その限りで、市町村との区別も定かでなくなりました。

　この意味で、「基礎的な地方公共団体」が、地方自治法上いったいどのような意味があるか再検討が必要な時期なのでしょう。

　それでも大事なことはひとつです。地方自治あるいは地方公共団体の存在理由は、国と地方公共団体が協力しながら、住民の基本的人権を重畳的に（二重にも三重にも）保障することにあることを忘れない

でほしいと思います。

注

1 「最」は最高裁判所（一般には、単に「最高裁」）、「大」は大法廷を示します。「最大判」は、最高裁大法廷判決の略記。最高裁は、長官と最高裁判事14名の計15名の裁判官から構成されています。大法廷は全員の裁判官（定足数9名）、小法廷は5人の裁判官（定足数3名）で裁判が行われています。大法廷は、法令などの憲法適合性判断や、いわゆる判例変更など重要な事件を処理します。第一小法廷から第三小法廷まであり、その判決はたとえば第二小法廷判決の場合、「最二小判」などと略記されます。

2 いつもならパブリックコメント（意見公募）は、せいぜい5通くらいしかないところ、この件に関しては250通を超えるパブコメがあったようです。住民の関心の高さがうかがえます。

3 住民運動の成果といっていいでしょう。まだ工事予定の案件が3400以上もあるということですが、大滝湧水直近の計画は止まっているようです。また、反対住民の声に応えて、市議会議員有志による条例案（「北杜市太陽光発電設備に関する条例案」）が作られ、その勉強会や意見交換会が行われています。まさに自治の始まりです。

4 「消滅可能性都市」とは日本創生会議（座長・増田寛也）・人口減少問題検討分科会によって、出産可能な年齢の女性人口を基礎にして、2010年から2040年までの間に消滅する可能性があると名指しされた896の地方自治体をいいます。たしかに人口急減社会対策に警鐘を鳴らすデータを示すものであり衝撃的でしたが、地方自治・地方分権を尊重したリアルな解決策を示さない警告は不要な恐怖心・不安を招くだけであることにも注意が必要です。とくに首都圏の高齢者介護の問題解決策として主張される高齢者の地方移住の提言は、八ヶ岳の麓で生活する者からすると、地方の生活の実態を知らない安易なものと思います。

5 地方団体から地方公共団体へ、そして地方自治体へ＝第1章で述べたマッカーサーの憲法草案では、地方行政団体の名前が府県、市、町というように、憲法上明記されていたのですが、内務省案では、当初から「地方公共団体という抽象的な用語が使われ、実際、憲法では「地方公共団体」と定められたことに

よって、具体的になにが地方公共団体なのかは、法律をみないとよくわからないものになってしまいました。そこで法律をみると、《特別地方公共団体＝普通地方公共団体＋特別地方公共団体》、《普通地方公共団体＝都道府県＋市町村》、そして《特別地方公共団体＝特別区＋地方公共団体の組合＋財産区》と書いてあります（地方自治法第1条の3）。したがって、たとえば都道府県は憲法上の地方公共団体なので、もし廃止されれば憲法違反だ、といった議論がそもそも成り立つかどうかは微妙な問題なのです。この意味では、市町村だって地方自治法上の地方公共団体ではあるけれど、憲法上の地方公共団体なのかどうかは大いに議論になるところです。

6　明治時代、A.モッセが書いたといわれる「市制町村制理由」（1888年4月21日）のなかにも、「府縣郡市町村ヲ以テ三階級ノ自治體ト為サントス」というように、すでに「自治體（体の旧字）」という用語が使われていたようです。

7　かねて兼子仁先生（東京都立大学名誉教授）は、都道府県を「広域自治体」とし、市町村を「基礎自治体」と呼んでこられましたが、地方分権改革論議のなかでは、「基礎自治体」は一定の規模能力を備えたものとして、市町村合併推進の論拠に使われた概念であることに注意が必要です。

　また、地方公共団体の組合においても、一部事務組合や広域連合の複雑さが増し、最近では、連携中枢都市や定住自立圏制度、自治体間連携・連携協約や都道府県による補完や事務の代替執行の制度なども加わり、地方公共団体とはいったいなにかの問題は一層混とんとしている（カオス状態）ようにもみえます。さらに、地方公共団体としての「道州」が加わることにでもなれば、究極のカオス状態となってしまいます。

第3章 住民とはだれか

● 「憲法上の住民」と「地方自治法上の住民」

　憲法が保障する地方自治は、「団体自治」と「住民自治」を意味すると一般的にいわれていますが、どちらが大事かといえば、わたしは住民自治の方が大事だと考えています、と書いてきました。しかし、住民の意味を棚上げにしたまま、住民自治が大事といってもなんのことやら意味不明です。そこで今回は、「住民とはだれか」について考えてみましょう。

　憲法上「住民」は出てきますが（第93条と第95条）、定義されているわけではありません。地方自治法（以下、「自治法」）にも、「第1編　総則」で、「住民の福祉の増進」という地方公共団体の役割を定める第1条の2のほか、住民という用語はなん度も出てきます。そして、「第2編　普通地方公共団体」のなかの「第2章　住民」（第10条〜13条の2）のところで、住民についての詳しい規定があります。ところが、こちらを読んでも、すぐに「ガッテン！」とわかる人は少ないのではないでしょうか。なぜなら、そこにある住民の定義は、「市町村の区域内に住所を有する者は、当該市町村及びこれを包括する都道府県の住民とする」（10条第1項）とあるだけだからです。

あなたの住所は、どこですか？

　自治法の住民の定義におけるキーワードは「住所」です。日本の国土はすべて市町村区域に分割されており、その市町村（特別区を含む）はすべてどこかの都道府県に包括されていますから、日本のどこかの市町村に住所を有すれば、その市町村の住民であり、同時に、都道府県の住民ということになります。それでは、住所ってなんでしょうか。たとえば、三重県から出てきて東京の専修大学で勉強することになった学生さんは、きっと学生寮やアパートなどに住むことになるでしょう。この場合、この学生さんの住所は学生寮やアパートの住所でしょうか、それとも実家でしょうか。

　どっちでもいいじゃないか、と思うかもわかりませんが、実はとっても重要なことなのです。なぜなら、自治法には、「日本国民たる普通地方公共団体の住民は、この法律の定めるところにより、その属する普通地方公共団体の選挙に参与する権利を有する」（第11条）とあるので、わたしたちがどこで自治体選挙の選挙権を行使するかに直接かかわっているからです。

「生活の本拠」とは

　ところが自治法には、住所に関する固有の定義はありません。そこで、民法の住所の定義に頼るしかありません。民法では、自然人（みなさんやわたしなど、社会に実在する人間である権利義務の主体）の住所は「各人の生活の本拠」（第22条）と定められています。法人（会社や学校法人など、自然人以外の権利義務の主体）の住所は、以前は「主たる事務所の本拠地」（旧民法第50条）とされていましたが、たとえば会社については「本店の所在地」（会社法第4条）といったように、各法人制度を定める個別法律を見なければなりません。

そこで次は、「生活の本拠」ってなんだ、という問題が生じます。これまた難しい問題です。一応、通説的解釈では、客観的な居住事実・生活実地があるかどうかが基本要素で、ここがわたしの住所だといった主観的居住意思の要素は補完的に考慮され決定されるべきものとされています。しかし、そうはいっても、大学入学をきっかけに学生寮、アパートに住むことになった学生さん、出稼ぎの労働者のみなさん、長期入院する患者さん、刑務所の在監者、そしてなにより三宅島噴火災害や東日本大震災で被災し、避難した人々の「生活の本拠」は、いったいどこになるのでしょうか。結局は、事例や判決を積み重ねることによって、確定していくしかないのでしょう。

「住民基本台帳法上の住所」とは

　それでも、各法律でバラバラに住所が定められ、住民がどこの住民かがはっきりしないと、統治（行政）を行う側はとっても困ります。そこで自治法では、「市町村は、別に法律の定めるところにより、その住民につき、住民たる地位に関する正確な記録を常に整備しておかなければならない」（第13条の2）と定め、住民基本台帳法（以下、「住基法」）が、「住民の住所に関する法令の規定は、地方自治法（省略）第10条第1項に規定する住民の住所と異なる意義の住所と定めるものと解釈してはならない」と定めることで、行政上生じうる最低限の不都合を回避しようとしています。聞きなれない住基法が、実は、住民問題の基本中の基本なのです。

「日本国民住民」と「外国人住民」との区別

　自治法は、「日本国民たる普通地方公共団体の住民」の「選挙に参与する権利」（選挙権）について定めるほか、条例の制定改廃請求権と事務の監査請求権（第13条第1項・第2項）、議会の解散請求権と議会

の議員、長、副知事、副市町村長、選挙管理委員、監査委員、公安委員会委員、そして教育委員会委員の解職請求権(第13条第1項から第3項)を定めています。これらは、自治体への参政権や直接請求権を定めた重要な規定です。

ただ注意しなければならないことがいくつかあります。まず、これらの参政権・直接請求権は、「日本国民たる普通地方公共団体の住民」(「日本国民住民」)に限られていることです。つまり外国籍の住民(「外国人住民」)は、当然のように除外されています。日本では、憲法学における外国人の参政権についての議論も立ち遅れ気味であることからすれば、戦後直後にできた自治法の規定ではやむをえないところであるといえるかもしれません。判例でも、憲法第15条第1項の公務員の選定・罷免権が国民主権に根拠づけられることから、「憲法上の住民」を「日本国民住民」に限定するものがあります(最判平成7・2・28)。しかし、いわゆる定住外国人の地方参政権の付与の可能性については、憲法の地方自治保障の意義に鑑み、法律による選挙権の付与は憲法上禁止されているとまではいえないのではないでしょうか。ましてや選挙権とは異なる趣旨に基づく直接請求権の保障を、「日本国民住民」に限る根拠は薄弱のように思われます。

しかも、「外国人住民」を「日本国民住民」と区別して管理してきた外国人登録法が廃止され、住民基本台帳法において一元的に管理することになったところです(2012年施行)。また、かねて住民の権利義務については、「住民は、法律の定めるところにより、その属する普通地方公共団体の役務の提供をひとしく受ける権利を有し、その負担を分任する義務を負う」(第10条第2項)と定めるところからすれば、「外国人住民」であろうが「日本国民住民」であろうが、自治体の住民である限り、参政権の付与、公共的役務(サービス)の提供、および負担(納税)の分任について、ひとしく考慮されるべき時期にきてい

ると考えられます。

　改正公職選挙法で、「日本国民たる年齢18年以上の者で引き続き三箇月以上市町村の区域内に住所を有する者は、その属する地方公共団体の議会の議員及び長の選挙権を有する」（第9条第1項）と定められたことから投票が可能になるわけですが、それは同じ住民でありながら、いまだ「外国人住民」には与えられない貴重な参政権なのです。どうかこの意義を十分に噛みしめ、有意義に活用してほしいものです。

「地縁による団体」と「地域住民」

　もう一つ、地方公共団体の内部における一種の「地域住民」の問題として、「地縁による団体」と住民との関係の問題があります。

　「地縁」というのは、土地にかかわって発生する縁故関係のことです。自治法は、「町又は字の区域その他市町村内の一定の区域に住所を有する者の地縁に基づいて形成された団体（以下本条において『地縁による団体』という）は、地域的な共同活動のための不動産又は不動産に関する権利等を保有するため市町村長の認可を受けたときは、その規約に定める目的の範囲内において、権利を有し、義務を負う」（第260条の2）と定めています。いわゆる町内会・自治会が典型的ですが、認可さえ得られれば、本条がいうところの認可地縁団体にもなります。

　最近、この町内会・自治会の会員住民と非会員住民の間の紛争が、しばしば取り沙汰されています。なかでも多いのが、ゴミ処理をめぐる紛争です。わたしは、多少の事情があり、地元の町内会・自治会に加入しないままであったため、このゴミ処理問題に巻き込まれてしまいました。ある日突然、近くのゴミ収集場は、町内会・自治会の会員しか利用してはならないと、鍵を閉められたり、地区役員から警告を受けたりしました。しかし、もうかれこれ10年前になるでしょうか、非会員住民専用のゴミ収集場が建設されるので、それまで当該収集場を

長野県富士見町のCOOPのゴミステーション（著者撮影）

使ってくださいとの自治体職員の行政指導に従っていただけのわたしにとっては、驚愕の出来事でした。

　わたしは、ゴミ収集場の掃除など喜んで協力しますから利用させてくれるようお願いしましたが、ダメでした。地区によっては、新たに転入してきた市民が、町内会・自治会への加入を積極的に希望しても認められないケースもあるように聞きました。それぞれいろいろな事情がありそうなので軽々しくはいえませんが、普通地方公共団体が「開放的強制加入団体」*5と特色づけられるとすれば、わたしのところの町内会・自治会は、「閉鎖的任意加入団体」とでもいうべき側面があるようです。

　わたしは、「地域自治」の実践主体として、町内会・自治会の役割をなによりも大事にしたいと思う一人ですが、その現代的なあり方については、ひと工夫必要なようです。*6

　このように「地域住民」になることは、なかなか容易ではないこともありますが、一つひとつ問題にぶつかりながら解決策を考えるのも

自治でしょう。この点、「地域住民」や「地域環境」のことを考えながらチャレンジする「法人住民」もあります。長野県富士見町の生活協同組合（COOP）のゴミステーションでは、市民がペットボトルや古紙を自分で秤にかけ、その分がポイントカードに加算され、お店で使えるシステムを導入しています。わたしの地元のスーパーは、生ゴミの回収も行っていたのですが、残念ながら、生ゴミ以外のものの混入が多く、処理機が故障して中止されてしまいました。「法人住民」と「地域住民」との協働も今後の課題のようです。

東日本大震災被災住民・原発事故避難住民の「二重の住民」性

　住所にこだわる住民概念が、統治（行政）を行う側からすれば、一つの有効な整理であることは確かです。しかし、そのことは、個人は一つの市町村の住民にしかなれないことを意味します。このことが、未曾有の被害をもたらした東日本大震災の被災住民、なかでも福島原発事故の被災地から他の地域への避難を余儀なくされた長期避難住民（原発避難者）に大きな問題を投げかけています。被災地自体は、たしかに区域は存在しても、人が住めない区域であり、長期避難住民の影響で「住民なき自治体」となってしまいました。

　一方、長期避難住民は被災地自治体以外の避難先自治体に「生活の本拠」を置くことになれば、避難先自治体に住所を有することになり、住民登録をすれば避難先住民になってしまいます。長期避難住民がそれでよければなにも問題はないのですが、長期避難住民が、被災地自治体における居住が可能になったときには故郷に帰還したいという希望を持つ場合が複雑です。長期避難住民は、被災地自治体と避難先自治体との間で揺れ動く「原発被災難民」になっている状態です。住民＝「生活の本拠」論に従えば、避難先自治体に住民登録するしかないと

いう冷たい言い方になりますが、それでは故郷との縁（絆）が不本意に断ち切られてしまいます。それでは、移住＝「生活の本拠」なき住民を認め、被災地住民のまま避難先自治体の行政サービスを受給可能とするのか。その場合、選挙権・被選挙権の行使や、税などの負担の分担はどうするのかなどの難問が続出です。

現在、日本学術会議の「原子力発電所事故被災住民の『二重の地位』を考える小委員会」でも検討中ですが、今ある原発避難者特例法の改正や別の特別法の制定で対応するのか、住民基本台帳法の改正や特例で対応するのか。いずれにしても、原発避難住民の「二重の地位」問題への決断が迫られる事態です。

主権者住民による主権者自治

「住民とはだれか」に答えるのは至難の業です。結論は、情けない話ですが、住民の諸相は描写できても、住民を定義するのはなかなか難しいということです。また、法律上「住民であること」と、実際の暮らしの上で「住民になること」の難しさも実感させられます。

法律上問題となる住民についてだけ考えてみましたが、住民論として論ずべき課題は、たとえば、「健常者住民と障害者住民」「都市住民と地方住民」「負担する住民と受益する住民」「生産する住民と消費する住民」など、山盛りです。なかでもわたしにとって厄介な憲法・法律問題は、居住する住民の「住み続ける権利」論VS「居住・移転の自由」・「職業選択の自由」・「営業の自由」論です。また、最近、政治や行政に対して「直言する住民」、あるいは「直訴する住民」（行政不服申立、行政裁判あるいは住民監査請求・住民訴訟を提起する住民）も増えてきています。この問題については、あらためて論じたいと思いますが、基本的な視点は、「主権者としての住民」です。住民が、主権者自治を徹底して、自らの基本的人権の保障を一層確かなものにす

るために、いかに知恵を絞って行動できるかがポイントでしょう。

注

1　注意深い読者は、「日本国民たる普通地方公共団体の住民」といった条文の書きぶりから、特別地方公共団体はどうなのか、と疑問をもつことでしょう。とくに東京都23区（特別区）の住民はどうなのかとの疑問です。特別区は、特別地方公共団体でありながら「基礎的な地方公共団体」とされていますが、いまだに普通地方公共団体とは一線を画する法的存在なのです。しかし、自治法第283条が「この法律又は政令で特別の定めをするものを除くほか、第二編及び第四編中市に関する規定は、特別区にこれを適用する」と定めるところから、特別区住民は、普通地方公共団体住民と同等の取り扱いが行われることになっています。

2　いわゆるマイナンバー制度が施行されました（「個人情報の保護に関する法律及び行政手続における特定の個人を識別するための番号の利用等に関する法律の一部を改正する法律」［平成27年9月9日法律第65号］）。行政の効率化、行政分野におけるより公正な給付と負担の確保、および国民の利便性の向上を図ることを目的とするとされるが、特定個人情報の安全の確保は定かではありません。このマイナンバー制度の基礎データも、住基法の住民票コードや本法の社会保障・税番号の制度的本質についての検証が必要でしょう。

3　この選挙管理委員ほかの委員は、執行機関である長に権限が集中しないように、それぞれの仕事の分野で、長から相対的に独立した権限を持つ執行機関で、行政委員会と呼ばれるものです。

4　このほか、「外国人住民」の公務就任（公務員になること）についても、「住民の権利義務を形成し、その範囲を確定するなどの公権力の行使に当たる行為を行い、若しくは普通地方公共団体の重要な施策に関する決定を行い、又はこれらに参画することを職務とする」地方公務員を「公権力等公私地方公務員」と定義され、「日本国民住民」だけがこの地位に就くことができるようというように制限されています（最判平成17・1・26）。

5　太田匡彦「住所・住民・地方公共団体」木佐茂男他編『地方自治の基礎概念』（公人の友社、2015年）26項以下は、自治法という法律が定めた住所のみを住民要件として、この要件を充たせば、当該個人の当該自治体への加入意思や当

該自治体の承認の有無に関係なく、自治法が与える法律効果として住民であることの関係が発生するという意味で、地方公共団体を「開放的強制加入団体」と特色づけています。

6　わたしの住んでいる地区では、別荘が多いせいもあるのでしょうが、会員がおよそ53％、非会員が47％くらいのようです。ちなみに2016年1月より、市の支所の敷地内に、非会員用のゴミ収集場が設置され、登録制ではありますが、ゴミの処理が可能になりました。生ゴミをコンポストで堆肥化したり、紙類を焼却したりすることができるのは、こんな田舎だからできたことです。都会ではほとんど無理です。日常の生活にかかわって、それこそ一番身近な自治団体であるべき町内会・自治会のあり方は、みんなで本気で考えなければならない問題です。

7　井上英夫は、憲法第13条の個人の尊重＝人間の尊厳を根底におき、これを憲法第22条の移住・移転の自由と結びつけ、「移動しない自由」も含めた「住み続ける権利」を新しい人権として構想しています（同『住み続ける権利』新日本出版社、2012年）。これに対して、飯島淳子は、「住むこと」は住居を必要とし、この住居は土地と結びつき、土地を含む広い意味での環境を形成するがゆえに、住民は、この「空間的秩序形成に参与する権利」と義務を有するといいます。この考え方は、人はある特定の場所を住所として選択することで住民となり、アイデンティティーを獲得し、「閉鎖性（区切られ空間）ゆえの同質なものとの相互扶助を介し」て、自治が可能となるといった地方自治像を示しています。（同「『移住移転の自由』試論」前掲『地方自治の基礎概念』138項以下）。あえて移住・移転の自由とは距離を置いた考え方とはいえ、地方自治と住民を考えるにあたって興味深いものです。

第4章 議会はいらないか

●地方自治法は、議会の組織や権限などを詳細に規定

　自治体の議会についても、憲法は、「議事機関」として議会を必ず設置することと（第93条第1項）。「議会の議員」（以下、単に「議員」）は住民が直接選挙すること（これを一般に「直接公選」という）しか書いていません。やはり、ここでも「法律の定めるところにより」という法律主義が貫かれ、地方自治法が定めるところを見てみなければなりません。

　地方自治法は、第89条「普通地方公共団体に議会を置く」から第138条まで、議会の組織や権限などについて、実に事細かく規定しています。いくら法律でも、ここまで規定してしまっては、憲法が地方自治、とくに「組織自治権」を保障しているという意味があるのかな、と思うほどの詳細な内容です。これ自体も問題ですが、こんなに地方自治法が詳細に定めているにもかかわらず、「こんなものいらない」の代表格に、自治体の議会や議員がしばしば挙げられることが気になるところです。

元兵庫県議・野々村竜太郎の衝撃・笑劇

　最近の国会議員によるガソリンのプリペイドカード代数百万円の支出もおおいに問題ですが、元兵庫県議・野々村竜太郎の政務活動費の不正使用（「年195回の日帰り出張で交通費300万円」）に関する意味[*1]

不明・支離滅裂・前代未聞の号泣会見は、いまだ記憶に新しい醜聞です。それ以外にも、晩婚化対策の質問をする女性議員に対して、「早く結婚した方がいい！」などと、セクハラ野次を飛ばす都議会議員、甲子園への出場を果たした滋賀学園高校球児に対して、「おまえらなんか、１回戦負けしろ」と暴言を浴びせる県議会議員、覚せい剤所持や女子高生とのみだらな行為で逮捕される市議会議員などなど、議員の不祥事があとを絶ちません。

　これでは、「こんなものいらない」といわれても仕方がありません。こんな人たちが選挙で選ばれ、議事運営している議会っていったいなんなのでしょう。

　住民が、好んでこんな議員を選挙しているわけでもないだろうし、もちろん憲法や地方自治法は、こんな議員がはびこる議会を想定しているわけではありません。

憲法の「二元代表制」（議会と長）

　それでは、そもそも憲法はどんな議会を想定しているのでしょうか。憲法があまりに簡潔にしか書いていないので、その解釈はいろいろあるところですが、「地方自治の本旨」を尊重するという観点からすれば、「執行機関としての長」の存在を前提として、これに対する意味で「議事機関としての議会」を設置しているようにみえます。このような理解は、「二元代表制」といわれるもので、通説的な理解です。

　つまり、議会（都道府県議会、市議会、町議会、村議会、特別区の区議会）の構成をなす議員と長（都道府県知事、市長、町長、村長、特別区の区長）は、それぞれが住民の直接公選で選ばれるという意味で民主的正統性を有し、それゆえ、それぞれが住民に対して直接的に政治・行政責任を負う機関として設置されており、共通目的である民主・公正・効率的な地方自治の政治・行政を実現するために、両者は、

それぞれの自律性を尊重しながら、ときには対立し、ときには共働するところの抑制・均衡関係にあると解することができます。

このような「憲法の二元代表制」の片翼である議会が、とんでもない議員で構成されているようでは、話にならないということになります。

地方自治法の「二元代表制」（議会と長）

他方、地方自治法は、このような「憲法の二元代表制」の構想とは異なり、長い間、機関委任事務体制の下で、長の管理執行する事務・権限は広範囲にわたるものであったのに対して、議会の事務・権限はいかにも限定されているようにみえ、いわば「長優位の二元代表制」ともいえる実態でした。そして、このような「憲法の二元代表制」と「地方自治法の二元代表制」がずれて離れている問題が、地方議会改革の課題であり続けてきました。

わたしは、たしかに議会と長は住民の代表機関としては対等・並立しますが、自治体の意思決定機関あるいは立法機関としては、議会が優位に立つ「議会優位の二元代表制」をひそかに支持しています。

柳瀬良幹という著名な行政法学者が、長だけで決めることができる事項は、「一人で判断決定してもあまり間違う心配のない事務」であり、議会の議決事項は、「重大又は複雑で、大勢が智慧を出し合わせて慎重に判断決定する必要のあるもの」というような考え方を著していました。

現代の複雑多様化する自治体の政治・行政の実態からすれば、単純すぎる考え方とは思いますが、議会は、単に受動的に長を批判するだけの存在ではなく、むしろ能動的に政策を立案し、長に実行させる「主動機関」であるべきであるという考え方に共鳴します。行政法学方法論では、まったく異なる立場ですが、この限りでは柳瀬論に近いのかもしれません。だからこそ、議会には頑張ってほしいし、議員にはし

っかり活動してほしいと願うのです。

地方自治法が定める議会の権限

　地方自治法が定める議会の権限は、①議決権、②行政監視権・統制権および③自律権に大別できそうです。

　①　議決権は、広い意味では、自治体の団体意思を決定する権限全般といってもいいのでしょうが、狭い意味では、第96条第1項が定める議会の議決事件（事項）に関する権限を意味します。ここで限定列挙されている事件（事項）は、議会の議決がなければ、長などの執行機関が執行できないという意味で、一般に「必要的議決事項」といわれています。

　条例の制定・改廃、予算の決定、決算の認定といった「立法権限（機能）」に属するもの、地方税の賦課徴収、分担金・使用料・加入金・手数料の徴収、契約の締結、不動産の信託、財産の取得・処分、負担付の寄付・贈与、自治体の権利放棄など、自治体の個別的処分にかかわる「行政的権限（機能）」に属するものがあります。このほか、地方自治法2011年改正では、法定受託事務についての「追加的議決事項」[*2]も条例で定めることもできるようになり（第96条第2項）、一定の限界はあれ、議会の議決権は飛躍的に拡大されました。最近では、まちづくり基本構想・基本計画や地域防災計画などについて議決事件とする議会も増え、議会の出番と重要性が増えています。

　②　行政監視権・統制権は、執行機関の事務処理に関する書類・計算書の検閲権、事務の管理・議決の執行・出納に関する検査権（第98条第1項）、監査委員に対する監査請求権・監査結果の報告請求権（同第2項）、国会や関係行政庁への意見書提出権（第99条）、そして調査権（第100条）などの権限を意味します。なかでも「100条調査権」は、選挙人や関係人の出頭・証言を求めたり、記録の提出を求めたり

することができ、これらを正当な理由なく拒否すれば、禁固や罰金の刑罰を科せられるといった強力な行政監視権・統制権で、使い方によってはとても強力・有効な権限です。

　③　自律権は、①や②の議会の権限が自主的・民主的に行使されるように、議会の内部組織権、会議規則制定権、議員の資格決定・懲罰権の行使など、議会の自律的活動のための権限を意味します。

　以上、簡単に、議会の権限について概観しました。いずれも重要なものばかりです。これが十分に機能すれば、地方自治のあり方、とくに住民自治のあり方は、劇的に変わるものと思います。残念ながら、先に示した議員の不祥事が頻発するところをみると、少なくとも自律権は機能していないようです。以下では、一番重要な議決権の行使について、国立市景観訴訟を素材に、具体的に検証してみましょう。

国立市景観訴訟にみる議会の議決権

　ひとくちに国立市景観訴訟といっても、長期にわたる裁判で全容を紹介することは無理ですが、議会の議決権にかかわる事件の概要は以下のとおりです。

　国立市（東京都）は、国立市長（当時）の上原公子（うえはらひろこ）氏が、すでにあった国立市都市景観形成条例を踏まえて、建築物の高さ制限などを直接の目的として、都市計画法上の地区計画を定めたり、「国立市地区計画の区域内における建築物の制限に関する条例」を定めたりしたことが、[*3]明和（めいわ）地所のマンション建設を違法に妨害したなどとの理由で、3000万円余の損害賠償義務を負うことになりました。

　事件はこれで終わらず、この国立市の損害賠償金の支払い原因が上原氏の違法行為にあるにもかかわらず、国立市が上原氏に求償権を行使しないことが、違法に財産の管理を怠る事実にあたるとして、上原[*4]

国立市景観訴訟の舞台となったマンション（編集部撮影）

氏への求償権の行使を求める住民訴訟[*5]が提起されました。この住民訴訟は、第一審の求償権行使命令判決のあと控訴されましたが、現国立市長の控訴取り下げで確定してしまい、国立市が上原氏に求償金請求を行うことになりました。期限内に支払いがなされなかったため、国立市が上原氏に対して求償金と遅延損害金を求める損害賠償請求訴訟を行う事態になりました。この訴訟係属中に、現国立市長のもとで国立市議会は、当初、求償権放棄の議決を行いましたが（平成25年12月19日、以下「放棄議決」[*6]）、平成27年5月19日には、一転して「放棄議決」への反対意思を表明し、求償権行使を求める議決を行いました（以下「行使議決」）。

東京地裁平成26年9月25日判決は、①「放棄議決」に議会の裁量権の逸脱・濫用の違法は認められない。②損害賠償金と同額の明和地所の寄付によって損失は解消している。③上原氏の行為は、私的利益を目的としたものではなく、その景観保持の政治理念には民意の裏づけがある。④上原氏の地区計画や条例制定の一連の行為は、全体的に見れば社会通念上の許容範囲を超えるものと判断せざるをえないものではあるが、その違法性は低い。⑤議会の「放棄議決」に対する再議権[*7]を行使しないまま、求償権放棄の意思表示をしない現国立市長の行為は、長としての権限濫用にあたり、そのような状況下での求償権行使は信義則に反するものである、としました。

東京高裁平成27年12月22日判決は、上原氏は、有効な法的手段がないことから、住民運動を利用し、行政指導に従わない明和地所に

対し、地区計画等の法的手段による建築制限を急ぎ、事実上の圧力を加え工事を遅らせ、議会や報道には違法マンション建設の印象を与え、顧客には給水拒否等の将来的不利益を示唆し影響を与えるなどした。これらの上原氏の行為は、明和地所に営業および信用毀損の損害を与える不法行為であり、たとえ景観利益保護の公共性があるとしても、違法性の阻却（違法と推定される行為について、特別の事情があるために違法性がないとすること）は認められない。明和地所の寄付も損害賠償金の不足を補うものとする填補目的ではない。議会の「放棄議決」は、議決だけで効力が発生するものではないし、のちに「行使議決」も行われていることからすれば、国立市の求償権行使は権限の濫用・信義則違反には当たらない、と逆転判決を言い渡しました。

国立市議会の矛盾する二つの議決から議会について考えるべきこと

　さて、裁判判決の話になると急に難しくなりますが、東京地裁判決が、上原氏の政治理念・政治活動を、国立市の景観に関する「民意」を、歴史的に具体化され、ルール化された「民意」であると評価しているのに対して、東京高裁判決は、上原氏が住民運動を扇動し、自分に都合のいい「民意」を作り出し、違法な行政手段を使ってまで、自らの行政目的の達成を図ったかのように判断しています。これは、国立市の住民をあまりにも愚弄するかのような解釈であり、国立市の民主主義、法治主義あるいは住民自治に対する際立つ無理解でしょう。

　それよりここで問題は、長の意向次第で、「あっち向け、ホイ」とばかりに、顔向きを変える議会の態度でしょう。議会の「放棄議決」がありながら、再議権も行使せず、なんの具体的行動もせず、なぜか1年半ほど放置し続けた市長も市長ですが、議会の議員構成が変わると見るや、とたんに「行使議決」に転換した議会の態度変更は、憲法や

地方自治法が期待する議会の姿なのでしょうか。

　議会による損害賠償請求権等の権利放棄の議決については、たとえば最高裁平成24年4月20日判決は、「住民による直接の選挙を通じて選出された議員により構成される普通地方公共団体の議決機関である議会の裁量権に基本的にゆだねられている」と述べ、ただし、「請求権が認められる場合は様々であり、個々の事案ごとに、当該請求権の発生原因である財務会計行為等の性質、内容、原因、経緯及び影響、当該議決の趣旨及び経緯、当該請求権の放棄又は行使の影響、住民訴訟の係属の有無及び経緯、事後の状況その他の諸般の事情を総合考慮して、これを放棄することが普通地方公共団体の民主的かつ実効的な行政運営の確保を旨とする」地方自治法「の趣旨等に照らして不合理であって」「裁量権の範囲を逸脱又はその濫用に当たると認められるときは、その議決は違法となり、当該放棄は無効となる」と述べています。

　要するに、権利の放棄は基本的に議会の裁量判断に任せるけれども、議会は最高裁が掲げるようないろいろな観点から慎重な審議をして、権利の放棄はしなくてはならないといっているのです。

　国立市議会も、慎重審議の上「放棄議決」を行ったに違いないでしょう。いったんそのような「放棄議決」を行った限り、これを覆す「行使議決」をするためには、「放棄議決」のとき以上の一層の慎重審議が行われねばならないはずです。長の意向によるのは言語道断でしょうが、議会のメンバーが変わったから「行使議決」をしましょうではすまされない問題です。どんな議論が行われ、どのような理由で議決の転換が行われたかを立証しなければ、最高裁の期待にも、住民の「民意」にも応えることになりません。

自治力向上のためには、住民力・議会力・行政力のトライアングルが必要

　地方自治、地方分権の時代です。なかでも自治体の立法権(条例制定権)が重視される「立法分権[*8]」の時代に、議会の役割はますます重要です。しかし、議会力が高まるだけでは自治力は向上しません。議会を支え、議会と共働する長(執行機関)の行政力も不可欠です。しかしなにより大事なのは住民力です。住民は、議会や行政と、ときには共働し、ときには対立しながら、住民力・議会力・行政力の「力の三角形(トライアングル)」の要になる必要があります。議会と議員の動向を注視しましょう。

注
1　地方自治法第100条14項は、「普通地方公共団体は、条例の定めるところにより、その議会の議員の調査研究その他の活動に資するため必要な経費の一部として、その議会における会派又は議員に対し、政務活動費を交付することができる。この場合において、当該政務活動費の交付の対象、額及び交付の方法並びに当該政務活動費を充てることができる経費の範囲は、条例で定めなければならない」と定め、議会への報告書の提出を義務づけ(同第15項)、使い道の透明性確保の努力義務を課していますが(同第16項)、一層の情報公開などの工夫が必要なのでしょう。
2　地方自治法は、機関委任事務の廃止後、地方公共団体が処理する事務を、「自治事務」と「法定受託事務」に区分しました。法定受託事務は、法律またはこれに基づく政令により地方公共団体が処理することとされている事務であり、国または都道府県が本来果たすべき役割にかかわるものであって、国または都道府県がその適正な処理をとくに確保する必要があるものと定義されています(同第8項)。つまり、地方公共団体の事務である地方公共団体が処理する事務＝自治事務＋法定受託事務という等式が成り立っています。
3　都市計画法第12条の5は、「地区計画は、建築物の建築形態、公共施設その

他の施設の配置等からみて、一体としてそれぞれの区域の特性にふさわしい態様を備えた良好な環境の各街区を整備し、開発し、及び保全するための計画」と定義しています。

4　国家賠償法第1条は、「国又は公共団体の公権力の行使に当る公務員が、その職務を行うについて、故意又は過失によって違法に他人に損害を加えたときは、国又は公共団体が、これを賠償する責に任ずる」とし、この場合、「公務員に故意又は重大な過失があったときは、国又は公共団体は、その公務員に対して求償権を有する」と定めています。

5　住民訴訟については後述します。ここでは、地方自治法第242条が住民監査請求について定め、この住民監査請求を行った住民であれば、だれでも住民訴訟が提起できる、ということを知っておいてください（第242条の2以下）。

6　地方自治法第96条第1項「普通地方公共団体の議会は、次に掲げる事件を議決しなければならない」、同項第10号「法律若しくはこれに基づく政令又は条例に特別の定めがある場合を除くほか、権利を放棄すること」を根拠とする一般的な債権、損害賠償請求権などの権利放棄の一種です。

7　地方自治法第176条第1項「普通地方公共団体の議会の議決について異議があるときは、当該普通地方公共団体の長は、この法律に特別の定めがあるものを除くほか、その議決の日（条例の制定若しくは改廃又は予算に関する議決については、その送付を受けた日）から十日以内に理由を示してこれを再議に付することができる」といった議会に対するカウンターパワーを定めています。

8　1999年地方自治法改正は、もっぱら国の行政権限を分権したり、国の「行政的関与」の縮減をしたりする「行政分権」にとどまりました。しかし実際には、法令そのものに、自治体の事務・権限を左右する大事なことが書かれていることが多く、国の「立法的関与」が多く残ってしまいました。国の立法権限を自治体に分権し、自治体が自己決定できるようにしない限り、本当の意味での地方分権はありえないということから、自治体の立法自治権（条例制定権）を拡大する「立法分権」が始まりました。現在は、自治事務・法定受託事務について、かなり広範な条例制定が可能になってきています。この問題は、第10章で論じます。

第5章 首長の権力

● 日本国憲法のもとでの「公選・公吏」への長の改革

　明治時代には、天皇を中心とする中央集権国家体制を維持するため、府県は国の地方行政区画にすぎませんでした。そのため府県知事は、国が選任（官選）する国家公務員（官吏）でした。日本国憲法のもとではじめて、地方公共団体の長（以下、単に「長」）は、地方公共団体の住民が直接選挙し（公選）、その身分は地方公務員（公吏）とされました。

　地方公共団体の長の「官選・官吏」から「公選・公吏」への改革は、そもそもいったいどのような意味があったのでしょうか。そして、この長は、法律上、いったいどのような事務（仕事）を処理し、そのためにどのような権限を与えられているのでしょうか。地方自治法第7章の「執行機関」、とくに第139条以下の普通地方公共団体の長の規定を中心にみてみましょう。

「公私混同」・「公私一体」の舛添元知事

　世間を騒がせた長といえば、舛添要一・元東京都知事でしょう。舛添氏は、家族旅行と政治活動との区別もつかなかったらしく、「精査」しなければ、その費用支出が適正だったかどうかが分かりませんでした。政治資金規正法や政党助成法がからむお金の問題に限れば、政治家・舛添要一の問題でしょうが、高額な海外出張費や公用車での別荘

通いということになると、公金の支出が問題となり、長（都知事）としての舛添氏の問題になり、地方自治法の問題にもなります。

さて、地方自治法上、そもそも長には、その職務執行を補助する補助機関の設置が認められています。この補助機関は、副知事・副市町村長（第161条以下）、会計管理者（第168条以下）、出納員その他の会計職員（第171条）、職員（第172条）です。したがって、東京都の場合も、舛添知事が都の事務をひとりで処理しているわけではなく、知事とこれら補助機関が一体となって処理していることになります。もし、舛添知事がその職務を遂行するにあたっても、公私混同したお金の使い方などをしていたとすれば、長を補佐する最重要な補佐機関である副知事や、あるいは地方公共団体の会計事務を担当する会計管理者は、これを止められなかったのでしょうか。ここでいう会計事務とは、予算の執行、契約の締結および公有財産の管理を除いた包括的なものであり（第170条第2項）、また、会計管理者には、知事の支出命令などに関する審査権が与えられており、まがりなりにもその独立性が保障されています。[*1] つまり、会計管理者は、会計事務の処理において長の監督下にあるとはいえ、長の支出命令が法令・予算違反である場合や債務の不確定の場合には、長に対して支出命令を出して返戻(へんれい)も可能なのです（第232条の4第2項）。

東京都だけではありませんが、日常的に適正な会計事務の処理が行われているか疑わしい地方公共団体がたくさんみられます。このため、長をはじめとする執行機関が行う行政の適法性・妥当性を確保するため、地方公共団体の事務処理、財務処理などにかかる財務会計行為などの監査をする監査委員が設置されています（第195条以下）。そこで、以下では、執行機関とはなにかを含めて、とくに執行機関としての長の地位、権限などについてみてみましょう。

「執行機関多元主義」のなかの長の地位

　まず、地方自治法は、「都道府県に知事を置く」（第139条第1項）、「市町村に市町村長を置く」（同条第2項）と定めることにより、都道府県知事と市町村長は、普通地方公共団体の機関として設置することを明示し、憲法の直接公選規定（憲法第93条第2項）と合わせて、戦前の「官選・官吏」と決別しました。

　ちなみに、長の被選挙権は、議員の被選挙権が当該地方公共団体の選挙権を有する満25歳以上の者（第19条第1項）とされているのに対して、知事も市町村長も年齢制限があるだけで（第19条第2項・第3項）、当該住民であることは要件とされていません。しばしば「落下傘候補」といわれ、当該地方公共団体以外の住民が立候補するのはこのためです。

　さて、この長は執行機関であるといわれるのですが、そもそも執行機関ってなんでしょうか。実は、憲法は、議会を「議事機関」と定めているのですが（第93条第1項）、地方公共団体の執行機関についてはなんの規定もありません。そこで、憲法は議事機関と並んで執行機関の存在を当然の前提としていると解釈したうえで、地方自治法は、「普通地方公共団体にその執行機関として普通地方公共団体の長の外、法律の定めるところにより、委員会又は委員を置く」（第138条の4第1項）と定めることで、種類が違う執行機関が複数存在する体制である「執行機関多元主義」を採用していると解釈されています。

　また、これらの執行機関には、法律や条例の定めるところによりますが、「附属機関として自治紛争処理委員、審査会、審議会、調査会その他の調停、審査、諮問又は調査のための機関を置くことができる」（同条第3項）ともされており、地方公共団体の日常の行政は、これらの執行機関と附属機関で行われているといっても過言ではありません。

地方自治法上の長の権限あれこれ

それでは、長は、地方自治法上どのような権限を与えられているのでしょうか。主な権限を拾い上げてみましょう。

①地方公共団体の統轄権・代表権

「普通地方公共団体の長は、当該普通地方公共団体を統轄し[*4]、これを代表する」（第147条）とされています。「統轄」は、すべてについて管轄するという意味でしょうから、長は、当該地方公共団体全般（議会や住民も含む）について管轄することになります。同時に、代表するということは、長の意思表示によって、当該地方公共団体の法律行為などが効果を発するということになります。

②事務の一般的管理執行権と長の担任事務

議会の議決事件にかかる議案提出、予算の調製・執行、地方税の賦課徴収、分担金・使用料・加入金・手数料の徴収、過料の賦科、議会に決算の認定を付すること、会計監督、財産の取得・管理・処分、公の施設の設置・管理・廃止、証書・公文書類の保管が例示され、このほか当該地方公共団体の事務を執行することとあることから（第149条）、事務の一般的管理執行権（第148条）は、およそ当該地方公共団体の事務の全般にわたるといえます。

③規則制定権

憲法は、「地方公共団体は、その財産を管理し、事務を処理し、及び行政を執行する権能を有し、法律の範囲内で条例を制定することができる」（第94条）と定めていますが、この「条例」には、議会が地方自治法に基づき定める条例のほか、長が定める「規則」が含まれると解されており、地方自治法では、「普通地方公共団体の長は、法令に違反しない限りにおいて、その権限に属する事務に関し、規則を制定することができる」（第15条第1項）と定められています。この結果、

議会の条例と長の規則はともに法規範であることから、これに反すれば違法になります。

④その他の権限

補助機関たる職員の指揮監督権（第154条）および任免権（第172条第2項）、長の管理に属する行政庁の処分の取消・停止権（第154条の2）、事務組織の設置・編成権（第155条、第156条、158条など）、当該区域内の公共団体等の総合調整権・指揮監督権（第157条）などがあります。

沖縄県知事・翁長雄志（おながたけし）氏が問う自治と分権

わかりやすくいえば、長は、民間企業における社長のような地位にあり、いわば地方公共団体のトップマネージャーとでもいうべきものです。きわめて広範で強力な権限を有していることがわかります。したがって、地方公共団体の行政は、長のあり方次第で、良くもなれば、悪くもなる可能性があります。

残念ながら悪い例が多いですが、すぐに頭に浮かぶのは、住民の声を「ふわっとした民意」と無視・軽視して、いったん選挙で選ばれればなんでもできるといった「選挙万能論」に陥り、大阪都構想や教育委員会改革で勘違いした元大阪府知事・大阪市長の橋下徹（はしもととおる）氏。職員の人事権の濫用、議会への出席拒否や議会の不招集、専決処分の乱発など、やりたい放題で地方自治法をまるで無視した元鹿児島県阿久根（あくね）市長の竹原信一（たけはらしんいち）氏などです。しかし、逆に、奮闘する長もたくさんいます。たとえば、元東京都国立市長の上原公子（うえはらひろこ）氏は、ルール化された具体的な民意に基づき国立市の景観保護のため果敢に闘い抜きました。元鳥取県知事の片山善博（かたやまよしひろ）氏も、地方自治の機能不全や時代錯誤に挑戦して、地方自治の不具合を直そうと地道に努力しました。

そして、特筆すべきは、沖縄県知事・翁長雄志氏でしょう。

沖縄タイムス（2016年5月15日社説「〔復帰44年　辺野古では〕脅かされる自治と分権」）は、沖縄の施政権返還がなされてから44年経った現在、いまだに基本的人権や地方自治の保障が、「本土」並みに保障されていない現実があることを伝えています。それは日米安保条約に基づくさまざまな負担が沖縄に集中しているからにほかならないのですが、翁長知事は、日米安保そのものに反対なわけではありません。むしろ日米安保体制を支持する保守派の政治家です。

　その翁長知事が、基本的人権や地方自治の保障を訴え、安保の負担の分散を日本国民に訴えているのです。日本国民に対して、安保に賛成するのだったら、「なぜ、本土には基地がほとんどないのですか」とも問うています。より具体的には、辺野古新基地建設にかかわって、国の辺野古沖埋立事業を承認してしまった仲井眞弘多前知事の誤りを、現知事がもつ権限のすべてを駆使して正そうとしました。もちろん現知事が前知事の処分を自ら取り消すことには、職権取消制限の法理*6などといった行政法上の難しい問題もあるのですが、仲井眞前知事自身が基地の県外移設を公約にしてきたことからすれば、仲井眞前知事が翻意したのであり、翁長知事の本意は、公約どおりなのです。

　ここで大事なことは、長である知事には、このような深刻な事態につながる重要な判断権が与えられており、それは民意に基づいて行使しなければならないということでしょう。沖縄県民の民意とズレた仲井眞前知事の判断のブレが、沖縄県民と翁長知事を悩ませる結果になったのです。

　わたしは法律を研究する者として、いつも肝に銘じていることがあります。それは、絶対におろそかにしてはいけないのは、基本的人権の保障であるということです。沖縄では、この基本的人権の保障が日常的におろそかにされてきたのです。これまで基地のリスクを引き受けてきてくれた沖縄の人々の善意を標的にした国家の地方自治の侵害

＝自治権侵害＝憲法違反が日常的に行われているのです。これに対して、沖縄県の統轄権・代表権をもつ翁長知事が、沖縄県民の「戦う民意[*7]」をくみ上げ具体化するため、「行動する知事」であろうとするのは、知事としていかにも当然ではないでしょうか。翁長知事は、まさに沖縄県・沖縄県民を代表して、日本の基本的人権保障と日本の自治と分権のあり方を問うているのです。

福島県浪江町長・馬場 有 氏が問う自治と分権

　もうひとり重要な「トップの決断」をしている長がいます。福島県浪江町長の馬場有氏です。

　福島第一原発過酷事故が立地自治体だけではなく、周辺自治体の住民の暮らしと生業を崩壊させました。馬場町長は、浪江町民の生命を脅かし、いったい国はなにを守ろうとしているのかと、被災地の窮状を訴えます。浪江町は、町民の代理人として、原子力損害賠償紛争解決センターに賠償額の増額請求の集団申立ても行いました。

　しかし、今後も続く一番難しい問題は、住民の医療や子どもの健康管理でしょう。そしてなにより、「流浪の民」化させられた浪江町民の「帰還」が可能かどうかといった浪江町の存立そのものにかかわる問題でしょう。地方自治は、「住民の福祉の増進」を目的としており、地方公共団体の責務もまさにここにあるからです。

　2016年の調べによれば、浪江町の場合、全体としてみれば、52.6％が帰還しないとすでに決めており、28.2％が判断がつかないとしています。無回答を含め消極的と思われる割合は80％を超えています。今後、「居住制限区域」や「避難指示解除準備区域」の解除がなされると、この避難指示が解除された地域からの避難者などへの福島県からの住宅提供も打ち切られる可能性があります。このような避難、「待避」あるいは帰還という問題は、住民を悩ませ続けています。

法律学的には、現在の問題は、もっぱら「原発避難者特例法」[*8]の運用の問題にとどまっていますが、これからは避難元である浪江町に住民登録をする住民、避難先に住民登録をする住民など、さまざまな選択をする住民が、安心して健康管理や医療サービスの提供を受けることができる体制をどのように構築するかが問題になります。避難元と避難先の双方に住民登録をさせる、いわゆる「二重の住民登録」を認めるには、さまざまな法的困難が伴います。そうすると、結果的に、どちらに住民登録をするにしても、被災者である避難民の人たちに対するきちんとした行政サービスの確保が緊急の課題です。そのために、「原発避難者特例法」の運用で可能なのか、住民基本台帳法などの法律改正が必要になるのか、リアルな検討が急がれます。その際、なによりも自らも被災地の住民であり、そして、被災者・被害者住民のために奔走する長たちの意見は、十分尊重されるべきでしょう。馬場町長の声は、被災地と被災者・被害者が問う自治と分権のあり方なのです。

まっとうな長、まっとうな民主主義（Decent Democracy）

　住民に身近な地方公共団体が住民に身近な行政を行うにあたって、地方公共団体の長の役割がとても大切なことが少しは伝わりましたでしょうか。「住民の福祉の増進」とは、憲法が保障する基本的人権の保障にほかなりません。繰り返しますが、絶対おろそかにしてはならないのが基本的人権の保障です。この人権の保障は、人間を人間としてみない政権にできるはずがありません。

　東日本大震災の被災者・避難民の生命、健康、生活を保障しないまま、そして福島原発事故への反省がないまま、原発再稼働に舵を切る政権を信じられますか。沖縄を基地で埋め尽くし、県民の安全を脅かし、人権を蹂躙しておきながら、「国家」の安全を説いてやまない政権が信じられますか。この国家のあり方、憲法のあり方を問う翁長知事

や馬場町長の主張と行動は、まっとうな長がいてこそ、まっとうな民主主義が可能であることを示しています。まっとうな民主主義の実現のために、まっとうな長を選ぶのは、ほかでもないあなたです。

注
1　地方自治法上の地方公共団体の支出手続きは、契約その他の支出の原因となる「支出負担行為」（第232条の3）、歳出にかかる具体的な債務が確定したことを会計管理者に通知し、その支出を命ずる「支出命令」（第232条の4第1項）、および資金前渡、概算払、前金払、繰替払、隔地払または口座振替の方法による「支払行為」からなります。このような「財務会計行為」の違法性は、住民監査請求や住民訴訟のところでも問題になります。心にとめておいてください。
2　それでも、これによって「公選・公吏」となった長を国の機関として利用する機関委任事務の制度が長い間まかりとおってきましたが、これも1999年の地方自治法改正で廃止されました。名実ともに、わたしたちが直接選んだ地方公共団体の長となったわけです。
3　ここでいうところの執行機関とは、議事機関である議会が意思決定した事項について、それぞれ独自の執行権限をもち、その担任する事務の管理および執行にあたって自ら意思決定を行い、かつ、意思表示をなしうる機関を指すと一般にいわれています。ちなみに、先に述べた監査委員は、この執行機関の一典型です。
4　もちろん、だからといって、長の統轄権・代表権が、具体的な法令の規定に基づくものであること、議会や長以外の執行機関である委員会又は委員（一般に、「行政委員会」と呼ばれる）の権限を侵害するものであってはならないことは、長と議会の役割分担・権限配分や執行機関多元主義からして当然のことです。
5　専決処分とは、議会と長の権限のバランスをとる手段でもあるのですが、議会が成立しないとき、議会の議決事件なのなのですが、とくに緊急を要するために議会招集の暇がないことが明らかなとき、議会が議決事件を議決しないときなど、長が当該議決事件を代わりに処分することをいいます（地方自治法第179条第1項。ただし、副知事・副市町村長・総合区長［指定都市］の選任同意が専決処分の対象から除外されたのは、元阿久根市長の「悪行」の再発防止

のためです)。この専決処分については、事後的な議会の承認が必要ですが、不承認であっても、その効力に影響はありません。ただし、条例の制定・改廃と予算措置に関する不承認については、すみやかに当該措置に関する必要な措置と議会への報告が義務づけられています(地方自治法第179条第4項)。

6　行政機関が、自らが行った処分を見直すとき、二つの場合があります。ひとつは、処分が違法であるから、処分時にさかのぼって、その効果を取り消す場合です。もうひとつは、その処分を放置すると、その後その処分が違法になったり、公益違反になったりするおそれがあるとき、その処分を「撤回」する場合です。いずれの場合も、国民に利益を与える授益処分の効果をなくする場合には、慎重な判断が求められます。行政法学上、このことを「職権取消制限の法理」などと表現します。

7　翁長雄志『戦う民意』(角川書店、2015年)を参照。

8　「原発避難者特例法」とは、正式には、「東日本大震災における原子力発電所の事故による災害に対処するための避難住民に係る事務処理の特例及び住所移転者に係る措置に関する法律」といいます。福島第一原発の過酷事故により圧倒的多数の住民が、自らの居住した市町村の区域外に避難し、または、そのまま避難先に住所を移転することを余儀なくされることになりました。この事態に対処するため、①市町村の区域外に避難している住民(避難住民)に対する行政サービスの適切な提供と、②避難先住民の避難元自治体との関係の維持を図るため、特例を定めた法律です。時限立法ではないのですが、その限界が問題となってきています。

第6章 自治体職員の働き方

●**住民を代表して住民のために働く労働者**

　住民に選挙で選ばれる長や議員の手足（補助職員）として自治体を支える存在である自治体職員について考えてみましょう。自治体職員もどこかの自治体の住民ですから、住民の気持ちをよくわかる存在であり、その意味では住民を代表して住民のために働く労働者でもあります。地方自治法では、「普通地方公共団体に吏員その他の職員を置く」（第172条第1項）というように、「職員」という言い方をしていますが、「職員に関する任用、人事評価、給与、勤務時間その他の勤務条件、分限及び懲戒、服務、退職管理、研修、福祉及び利益の保護その他身分取扱いに関しては、この法律に定めるものを除く外、地方公務員法の定めるところによる」（同条第4項）とあることから、大事なことは、地方公務員法（以下「地公法」）をみなければなりません。また、地公法は、「地方公共団体のすべての公務員」を「地方公務員」としていますので（第2条）、自治体職員は、おおむね「地方公務員」を指していると考えましょう。

宣誓から始まる自治体職員の憲法尊重・擁護義務

　自治体職員の仕事は、服務の宣誓（「職員は、条例の定めるところにより、服務の宣誓をしなければならない」地公法第31条）から始

2016年4月1日「平成28年度可児市の職員事例交付式」での宣誓の様子。写真提供：岐阜県可児市

まります。服務の宣誓の内容は、自治体によってさまざまですが、たとえば、東京都の「職員の服務の宣誓に関する条例」における宣誓書は、「私は、ここに、主権が国民に存することを認める日本国憲法を尊重し、且つ、擁護することを固く誓います。私は、地方自治の本旨を体するとともに公務を民主的且つ能率的に運営すべき責務を深く自覚し、全体の奉仕者として、誠実且つ公正に職務を執行することを固く誓います」と定めています。

ここで大事なことは、自治体職員も公務員である限り、憲法尊重・擁護義務（憲法第99条）を負うのは当然であるということです。同時に、憲法が、「公務員を選定し、及びこれを罷免することは、国民固有の権利であ」り（第15条第1項）、「すべて公務員は、全体の奉仕者であって、一部の奉仕者ではない」（同条第2項）と定めているところから、自治体職員も、住民に選ばれて、住民全体の奉仕者として（地公法第30条）、「地方自治の本旨」の実現のために（同法第1条）、職務に専念することが期待されているのです。[*1]

ところが、実際には、憲法尊重・擁護義務に反するような自治体職員の行為が散見されます。

2015年、自治体問題研究所が金沢市で自治体学校を開催した時のことです。「石川県MICE誘致推進事業助成金交付要綱」に基づき、石川県観光振興課に補助金申請をしたところ、要綱が定める助成対象外である「政治活動」に該当するとして、補助金が支給されませんでした。

宮本憲一先生の記念講演の案内のなかに、「安倍内閣の政策は憲法を無視し、戦後民主主義＝地方自治を危機に陥れている」との内容紹介があったことから、選挙管理委員会がこれを「政治活動」に該当すると判断し、観光振興課が助成対象外と判断して、助成金不交付決定に至ったようです。*2 このような案内リーフレッドの一文をもって、申請事業全体を「政治活動」と断定することも軽々にすぎますが、法律学者や経済学者（いわゆる「人文社会科学者」）が、憲法に言及しながら学術活動をおこなうことはあまりに当然のことであり、これを「政治活動」であるとされては学問の自由は保障されません。憲法を論ずることそのものを「政治活動」であるかのごとく判断する事務処理は、憲法論を過度に政治化するものであり、憲法が保障する平等原則にも反するのではないでしょうか。憲法の尊重・擁護義務を負う自治体職員の行為としてあるまじき行為であり、違法の誹りを免れません。

自治体職員の権利・身分保障

自治体職員の権利保障については、自治体職員が国民・住民である限り、個人として憲法の基本的人権（法の下の平等、思想・信条の自由、信教の自由、学問の自由、表現の自由、生存権など）の保障を享受し、住民として等しく行政サービスの提供を受ける地位にあることが保障されます。しかし、労働基本権の保障に見られるように、かなり厳しい制約のもとにおかれるものもあります。たとえば警察職員や消防職員は、団結権、団体交渉権および争議権のいずれも保障されていませんし、一般の行政職員も、団体協約締結権がない団体交渉権しか保障されず、争議権は保障されていません。企業職員や単純労務職員*3*4といわれる自治体職員でも、争議権を認められていません。

企業職員・単純労務職員を除く自治体職員の政治的行為の自由についても、「職員は、政党その他の政治的団体の結成に関与し、若しく

はこれらの団体の役員となってはならず、又はこれらの団体の構成員となるように、若しくはならないように勧誘運動をしてはならない」（地公法第36条）とされており、勤務する自治体区域に限られているとはいえ、基本的人権は制限されています。先進国といわれる国のなかでも、日本の労働基本権や政治的行為の自由の制限・制約は過度に厳しい状況にあり、見直しが迫られています。

　自治体職員は身分保障が手厚いなどとよくいわれますが、その意味は、地公法第27条が、「すべて職員の分限及び懲戒[*5]については、公正でなければならない」（第1項）、「職員は、この法律で定める事由による場合でなければ、その意に反して、降任され、若しくは免職されず、この法律又は条例で定める事由による場合でなければ、その意に反して、休職されず、又、条例で定める事由による場合でなければ、その意に反して降給されることがない」（第2項）、「職員は、この法律で定める事由による場合でなければ、懲戒処分を受けることがない」（第3項）という定めをおいているからにほかなりません。この分限処分や懲戒処分が具体的にどのような場合に行われるかについては、地公法第28条以下の分限処分および懲戒処分の要件規定をみていただきたいと思います。

自治体職員の義務

　基本的人権や権利の制限・制約も義務といえば義務なのですが、より端的に義務が賦課されていることがあります。上で述べた憲法尊重・擁護義務のほか、自治体職員は、在職中も退職後も、職務上知り得た秘密を他に漏らすことは許されません（地公法第34条第1項）。また、「その勤務時間及び職務上の注意力のすべてをその職責遂行のために用い、当該地方公共団体がなすべき責を有する職務にのみ従事しなければならない」（地公法第35条）ともあり、勤務時間中の職務専念義務

が課されています。これを徹底させるために、任命権者の許可なく営利企業に従事することなども制限されており、これに違反してアルバイトで副収入を得るなどすれば、たいへんな問題になります。[*6]

　しかし、職務・職責遂行上もっとも問題になるのが、「法令遵守義務」と「職務命令服従義務」でしょう。地公法は、「職員は、その職務を遂行するに当って、法令、条例、地方公共団体の規則及び地方公共団体の機関の定める規程に従い、且つ、上司の職務上の命令に忠実に従わなければならない」（第32条）と定めています。一見すると、どうってことない一文ですが、ポイントは、前段の法令遵守義務と後段の職務命令服従義務とが「且つ」で結ばれており、両方の要件を同時に充たさなければならないところです。たとえば、ある職員が上司から「カラ出張」や「カラ接待」の手助けをしろといった違法と思われる職務命令が下された場合はどうでしょう。[*7]「カラ出張」や「カラ接待」に加担すれば、違法な行為に加担することになり、法令遵守義務違反で場合によっては刑事罰を科せられることになるかもしれません。しかし、上司の命令に従わなければ、上司の職務命令服従義務違反で違法な行為を行ったとして、なんらかの不利益処分を受けることになるかもしれません。あなたならどうしますか。[*8]

自治体職員の仕事の仕方や作法が問われる時代の「人事評価」の導入

　さて、自治体職員は、このようにあれこれと権利・身分保障されたり、義務を賦課されたりしながらも、執行機関である長や行政委員会あるいは議会の事務処理の補助執行職員として日々働くことになります。地方分権改革のおかげでしょうか、日々の業務は増えるばかりで、その仕事はすべて地方公共団体の事務ですから、国からのマニュアル（通達・訓令）はありません。仕事の範囲は広く、政策立案からはじま

って、法律の解釈・運用、条例制定の準備、場合によっては審査請求や行政事件訴訟にまで対応しなければなりません（これらの政策法務、解釈法務、立法法務、争訟法務などを一括して「自治体法務*9」とでもいっておきましょう）。まさに自治体職員の仕事の仕方や作法が問われる時代になってきたといえそうです。

　このような動向に合わせてといっていいのでしょうか。2016年4月1日から、改正地公法が施行され、「人事評価制度」が正式導入されることになりました。改正地公法の趣旨は、なにより任命権者に人事評価の権限を集中し、任用（採用・昇任・降任・転任）の定義などを明確化し、任用を受験成績や人事評価その他の能力の実証に基づき行うこととし、「能力本位の任用制度の確立」を明確化することにあるといわれています。手短にいえば、任命権者は、人事評価を任用、給与、分限その他の人事管理の基礎として「活用」し、たとえば職員の人事評価が低く、勤務実績が悪い場合には、先に述べた分限処分（降任・免職など）を容易にできるようになるということでしょう。今後、新たな人事評価制度が本格的に導入されることになれば、あれこれの問題が顕在することになるでしょうが、このような能力・実績に基づく人事管理を徹底すれば、より高い能力をもった自治体職員が育成でき、自治体組織全体の士気や行政効率も高まり、住民への行政サービスの質も向上すると想定されているのでしょう。わたしには、自治体職員が住民のために本気で働くということの意味は、そんなに単純なものとは思えませんが、みなさんはどう考えますか。

公務の民間化・民営化と「非正規公務員」急増

　いま、自治体現場で、いったいなにが起きているのでしょうか。いわゆる公共サービス改革法を契機として、公務の民間化・民営化か着実に進んでいることは、すでにご存じでしょう。公共サービスの「経

済化」「効率化」を目的として、指定管理者制度（TSUTAYA 図書館など）や PFI（プライベート・ファイナンス・イニシアティブ：民間資金等活用事業）といった方式など、ありとあらゆる手段・手法を使った行政の民間化・市場化が模索されています。これらは公務とはなにかをあらためて考えさせてくれます。しかし、自治体職員の定員削減がどんどん進められ、切り捨てられる事業を見ていると、わたしには、先の人事評価の導入も含めて、業績管理・成果主義の拙速な導入にしか見えません。

　この点、最高裁平成 17 年 1 月 26 日大法廷判決は、「住民の権利義務を直接形成し、その範囲を確定するなどの公権力の行使に当たる行為を行い、若しくは普通地方公共団体の重要な施策に関する決定を行い、又はこれらに参画することを職務とする」地方公務員を、「公権力行使等地方公務員」と定義して、その職務の遂行は、「住民の権利義務や法的地位の内容を定め、あるいはこれらに事実上大きな影響を及ぼすなど、住民の生活に直接間接に重大なかかわりを有するものである。それゆえ、国民主権の原理に基づき、国及び普通地方公共団体による統治の在り方については日本国の統治者としての国民が最終的な責任を負うべきものである」と述べています。この判決は、在日外国人の公務就任権を制限する判決ですから少し文脈は違いますが、「公権力の行使」あるいは「地方公共団体の意思の形成」が「住民の権利義務を直接形成し、その範囲を確定する」、あるいは「住民の権利義務や法的地位の内容を定め、あるいはこれらに事実上大きな影響を及ぼすなど、住民の生活に直接間接に重大なかかわりを有するもの」であることに着目し、公務とはなにかについて、最高裁なりの重要な定義をしていると思うのです。たとえば、最高裁の判決を再吟味するなどして、やみくもな民間化についてそろそろ反省すべきときではないでしょうか。

　もうひとつ深刻な問題は、おおむね 1 年未満の有期雇用の「非正規

公務員」[*10]の急増です。いま自治体で働く全国の自治体総職員数は21年連続減少し、54万人減の274.4万人となり、そのうち「非正規公務員」は60万人超となり、一般職の公務員の3人に1人が「非正規公務員」といわれています。公務が民間化され、自治体職員の定員削減が進められても、公共サービスが従前どおり提供されているようにみえるのは、「非正規公務員」がこれまでと変わらない公共サービスを提供してくれているからなのです。

　しかし、これらの「非正規公務員」は、自立して生活ができないほどの低賃金・低報酬で我慢し、いつ辞めさせられるかわからない（雇い止め）恐怖に耐えているのです。最高裁判決ではないけれど、公務が大事、公務員が大事というならば、この「非正規公務員」問題こそ、いますぐ解決すべき問題です。[*11]

自治体職員が変われば、自治体は変わる
住民が変われば、自治体職員も変わる

　公務が危ないいまほど、きちんと仕事ができる自治体職員が求められる時代はありません。自治体職員は、憲法に基づき、行政法の知識と経験を駆使して、適正な行政手続を行い、正しい実体判断を行うことが期待されるところです。そのためには、自分でもっと勉強しなければなりません（自己研鑽・自己研修）。しかし、自分で勉強するだけでは、限界があります。そこで、まずは職員同士でいろいろな問題について、経験法則を伝え合う対話をしましょう。それでも限界があります。住民の福祉の増進が目的なのですから、住民と対話をしましょう。知恵や工夫をもらえる住民との学びの交流こそが自治体職員の命です。市民運動・住民運動とのつながりをしっかりもって、自らの行政の知識を経験で編んで仕事をすることが一番です。住民の生活を知る現場に直面している強みを活かして、現場の問題を発見・整理・解

決し、さらに政策創造に向かってほしいものです。そうすればおのずと専門性は向上するでしょう。

　まっとうな自治体になるかどうかは、自治体職員が自治体のどんな「幸せレシピ」を書くかにかかっています。だから自治体職員・公務員の仕事は、魅力的でおもしろいのです。そして、そんな自治体職員を育成・応援するのは住民です。そう、あなたです。

注
1　憲法の「全体の奉仕者」概念は、最高裁や政府によって、「国家全体の奉仕者」として解釈され、公務員の権利制限を正当化するためにゆがめられることがあった。しかし、もともと「全体の奉仕者」の英訳は、"servants of the whole community"とされていたところからすれば、ここでの「全体」の趣旨は、「主権者1人1人の国民集合体のことであって、社会全体ないし国民全体を意味するものと解すべきである」（晴山一穂「憲法の『全体の奉仕者』の意味するもの」『自治と分権』第64号47頁）。本書でも同様の趣旨で、「住民全体の奉仕者」としている。
2　榊原秀訓「自治体学校を対象とする石川県MICE誘致推進事業助成金不交付問題の論点」『住民と自治』第631号43頁以下を参照。
3　水道事業などの地方公営企業の管理者の事務処理を補助執行する職員。
4　清掃、建物警備、自動車運転などの単純労務を遂行するために雇用された一般職の自治体職員。
5　分限とは、自治体職員の身分にかかわる基本的な規律のひとつですが、分限処分は、公務の効率性を維持するために行われる処分であって、制裁を目的として行われる懲戒処分とは制度的趣旨が異なります。降給、休職、降任および免職の4種類があります（地公法第28条）。公務員は首にならないなどとよくいわれますが、2014年の地公法改正で、「人事評価または勤務の状況を示す事実に照らして、勤務実績が良くない場合」（同法第28条第1項）には、免職処分がこれまでより容易になるのではと指摘されるところです。
6　地公法第6条第1項は、「地方公共団体の長、議会の議長、選挙管理委員会、代表監査委員会、教育委員会、人事委員会及び公平委員会並びに警視総監、道

府県警察本部長、市町村の消防長（特別区が連合して維持する消防の消防長を含む。）その他法令又は条例に基づく」者を任命権者と定めています。この任命権者が、それぞれに属するそれぞれの自治体職員、事務局職員、警察職員、消防職員、教員などの任命、人事評価、休職、免職、懲戒等を行う権限を有することになります。

7 架空の出張や接待をでっちあげ、支出負担行為、支出命令および支払行為といった架空の財務会計行為を行い、その金銭を行政部内にため込んで、自分たちの懇親会費用やパソコンの購入費などに充てることをいいます。

8 このような事例は比較的答えが容易でしょう。しかし、実際は、微妙な事例が多々あります。判例は、上司の職務命令に重大かつ明白な法的瑕疵があるなどの場合、つまり違法・無効な職務命令であれば、職務命令服従義務はないとしています。学説では、見解が分かれるところです。

9 最近でこそ自治体法務に関する文献は枚挙にいとまがないのですが、木佐茂男教授を中心に編まれた『自治体法務入門』は、先駆的な業績です。わかりやすさと知恵が一杯です。現在も、木佐茂男・田中孝男編著『自治体法務入門［第4版］』（ぎょうせい、2012年）として健在です。

10 上林陽治『非正規公務員』（日本評論社、2012年）、同『非正規公務員の現在 深化する格差』（日本評論社、2015年）を参照。自治体には、常勤で任期の定めのない正規職員のほか、「臨時職員」（地公法第22条第2項・同条第5項）、「特別職非常勤職員」（地公法第3条第3項第3号）、および「一般職非常勤職員」（地公法第17条）などの非正規職員が存在します。上林は、これを「非正規公務員」と呼んでいます。

11 「地方公務員法及び地方自治法の一部を改正する法律」が成立し、すでに2017年5月17日に公布されている（平成29年法律第29号）。「臨時的任用」の厳格化を求めたり、一般職の非常勤である「会計年度任用職員」の設置を行ったりしているが、果たして「非正規公務員」問題の抜本的解決になるであろうか。

第7章 　住民が直接投票で決めるしくみ

● 直接民主制を正当化する憲法条文

　これまで、まっとうな民主主義の実現のために、議会や長、あるいは自治体職員をどのように選び、見守り、育てるかは、住民の役割であることを強調してきました。この住民自治の重要性を明文で定めたのが、憲法第95条です。「一の地方公共団体のみに適用される特別法は、法律の定めるところにより、その地方公共団体の住民の投票においてその過半数の同意を得なければ、国会は、これを制定することができない」と定めることで、いわゆる「地方特別法」の制定には、住民投票による住民の直接的な意思決定が不可欠であることを明らかにしています。住民による直接民主制を正統化する憲法条文としてきわめて重要です。*1

憲法上の国民投票制度と住民投票制度

　住民投票制度には、住民にとってほんとうに大事なことは、住民の代表である議会の意思決定に任せること（これを「間接民主制」あるいは「代表民主制」という）をしないで、主権者である住民自身が最終的な意思決定を行うこと（これを「直接民主制」という）にしましょうという趣旨・目的があります。同様の趣旨から、憲法第96条第1項は、「この憲法の改正は、各議院の総議員の三分の二以上の賛成で、国会が、これを発議し、国民に提案してその承認を経なければならな

い。この承認には、特別の国民投票又は国会の定める選挙の際行はれる投票において、その過半数の賛成を必要とする」とも定め、憲法改正のような国民にとっての最重要事項に関しては、国民の代表である国会の議決だけに任せず、主権者である国民自身が国民投票によって最終的に決定することにしています。したがって、国民投票制度と住民投票制度は、ともに憲法によって根拠づけられた直接民主制であるという共通点があることになります。

　国民投票といえば、直近では、イギリスのEU（European Union）離脱の是非を問うた国民投票が思い浮かびます。イギリス国民は世紀の大決断をしましたが、これが吉と出るか凶と出るか、予断を許さない状況が続きます。日本でも、「日本国憲法の改正手続に関する法律」に基づき、「憲法改正」を問う国民投票が行われることにでもなれば、他人事ではありません。「憲法改正」の承認にかかる国民の意思決定は国会をも拘束することから、直接民主制の真価が問われることになります。

法定住民投票制度と法定外住民投票制度

　憲法以外にも、法律や条例が定める住民投票制度（「法定住民投票制度」）が多く存在します。この法定住民投票制度は、法律や条例に定めのある住民投票制度の総称ですが、法律によって全国一律的に定めるのか、それとも自治体ごとに条例に基づいて定めるのか、法定住民投票制度といっても、その制度化はさまざまです。たとえば、住民投票結果が議会や長を法的に拘束するかどうかによる「拘束型住民投票制度」と「諮問型住民投票制度[*2]」の区別、あるいは、住民投票が必要な時々に条例を制定し実施する「個別設置型住民投票制度」と、住民投票に関する主要な制度（住民投票の対象事項、住民投票の請求・発議主体、投票権者、住民投票の形式、住民投票運動、投開票、投票

結果の取り扱い、成立要件など[*3]）をあらかじめ条例で定めておき、これに基づいて住民投票を実施する「常設型住民投票制度」（典型的には、高浜市住民投票条例）との区別などがあります。

ここで法律に基づく住民投票制度だけみても、古くは、旧警察法に基づく自治体（町村）警察の廃止にかかわる住民投票、「昭和の大合併」にかかわる旧町村合併促進法および旧新市町村建設促進法に基づく住民投票、「平成の大合併」にかかわっても、「市町村の合併の特例に関する法律」に基づく合併協議会の設置にかかる住民投票などがあり、最近では、「大都市地域における特別区の設置に関する法律」に基づく特別区設置にかかる住民投票[*4]などもあります。

2015年3月、大阪市の住民投票を呼び掛ける集会のポスター

このほか、法律や条例に根拠を求めることなく、議会や首長の一定の政策や事項について、アド・ホックに直接住民の意思を問うものもあり、これを法定外住民投票制度といいます。いわば住民アンケート調査のようなもので、議会や長の政策や判断を法的に拘束する効果がないことから、その実効性には問題があるところです。ただ、このような法的拘束力がない法定外住民投票制度であっても、いったん住民投票が実施されれば、その結果の政治的・行政的影響は少なくないこ

とから、その濫用には注意すべきでしょう。いずれにしても、憲法付属法・具体化法ともいわれる地方自治法の指導理念が、自治体および住民の自己決定権の保障にあるとすれば、住民投票制度も含めた充実した住民参加の諸制度の拡充は不可欠な要請であり、「地方自治の本旨」を実現するための住民投票制度の具体のあり方の検討は喫緊の課題であるに違いありません。

「直訴する住民」と事項別の「100％の投票民主主義」

　地方自治法では、議員・長の直接公選制、条例の制定改廃請求制度、事務監査請求制度、議会の解散請求制度、議員・長・主要公務員の解職請求制度、そして住民監査請求や住民訴訟といった住民争訟制度が保障されており、国の場合とは違う手厚い直接民主制が保障されています。最近、これらの直接民主制の諸制度を活用して、自治体の政治・行政に自らの意思を直接反映しようとする住民、いわば「直訴する住民」とでもいうべき住民が増えているようです。住民投票も、このような「直訴する住民」の政治・行政参加の有力な手段のひとつになっています。

　それは、住民投票制度が、議会と長との間に対立があったり、議会・長の住民運動への無理解があったりする場合、あるいは選挙をとおしては反映しにくい住民意思を実現する場合などに有効な制度だからです。住民は、議会や長の選挙の際、彼らの掲げる公約（政策あるいはマニフェスト）に100％は賛同できないけれど、おおむね80％の公約に賛同ができれば、その候補者に投票することになるのが普通ではないでしょうか。これを「80％の選挙民主主義」と呼ぶとすれば、この「80％の選挙民主主義」に基づいて投票したからといって、もしも住民の命や健康または経済生活を左右する重大な問題が生じたとき、住民の意見を問うことなしに代表者だけで意思決定をすることは、正し

いことなのでしょうか。争点となる当該事項に関する住民の意見を聞くことがあっていいのではないでしょうか。わたしは、これを事項別の「100％の投票民主主義」と呼んでいます。

より一般化していうならば、選挙は、一般的・抽象的な住民の政治的意思の表明であり、それに基づき住民の政治的代表者を選択する行為といえます。これに対して、住民投票は、個別的・具体的な住民の行政的意思の表明であり、住民が欲する個別的・具体的な行政施策を選択する行為とでもいうべきものではないでしょうか。[*5]

直接民主制と間接（代表）民主制との関係

ところで、あらためてそもそも論を考えると、憲法が定める「国民代表制・住民代表制」の性格について、そもそも直接民主制を代替する「現代代表制（議会制民主主義）」であると解する立場からすれば、憲法上直接民主制を排除する明示的規定がない限り、法律などで国民投票や住民投票を導入することは当然に許されるとする見解や、国のレベルにおける議会制民主主義に対して、自治体レベルにおいては、「地方特別法」にかかる住民投票の可能性も含めて、そもそも国にはない制度として住民直接参政の直接民主主義が「地方自治の本旨」のうちに原理的に内在しており、さらに、憲法が長の直接公選制（第93条第2項）を明記していることのなかに、まさに「議会を通さない自治体行政の直接民主主義」の原理が見いだされるとする見解などが存在するところです。たとえば後者の「行政直接民主主義」[*6]の原理からすれば、地方自治法所定の住民の直接請求権あるいは住民争訟権（住民監査請求権および住民訴訟権）と同様に、住民投票権も原理的には肯定されることになるでしょう。

これに対して、「個別重要課題をアド・ホックに住民投票に委ねて決定するには、長や議会の権限を侵害し制度の根幹を揺るがせにするお

それがあり、適法性に疑問がもたれる」（東京大学名誉教授・原田尚彦）とする見解や、憲法が保障する住民投票の場合はともかく、代表民主制と直接民主制との関係については慎重な検討が必要であり、法律による住民投票制度の創設にはなお消極的な立場を維持し、条例で正式のイニシアチブまたはレファレンダムのような直接民主制を導入することについても違法であると解する見解もないわけではありません。

　このように直接民主制と間接（代表）民主制のどちらが優位なのかといった議論は尽きません。たしかに法律学や政治学の世界において、代表民主制における代表する者と代表される者との関係については、すでに議論が尽くされた感のあるところですが、いまだに解明されていない問題でもあります。ある論者は、論点を明確にするための極端な表現と断りながらも、「代表制の特質は、そして代表制の意義は、直接民主制と比較して民意を反映しないことにあるのであり、民意を反映しないことによって民主主義を活性化させることにある」[*7]と言い切っています。

　わたしにはそのように断言する勇気はとてもありません。ただ、このところの代表民主制が、政治・行政における問題・争点の多様化・複雑化に対応できず、ますます断片化・細分化させられる民意を反映できる状態にないところに陥っているのは確かなようです。この断片化・細分化する民意をいかに多様かつ柔軟なルートで政治・行政に反映するかといった課題を設定するとき、直接民主制の有効活用を課題にしないわけにはいきません。このことは、代表民主制を基本とするとしても、おおいにありうる話です。

条例に基づく住民投票の実施上の問題

　このような理由に基づくものかどうかわかりませんが、条例に基づ

く住民投票がはじめて実施されたのは、新潟県巻町(まきまち)の原発建設の是非をめぐる「巻町における原子力発電所建設についての住民投票に関する条例」(1996年)に基づくものでした。これに対しては、「巻原発『住民投票』は駄々っ子の甘え」、「『契約』を忘れた民主主義」というように、悪意に満ちた「直接民主制の恐怖」が喧伝されました。しかしその後、沖縄県の「日米地位協定の見直し及び基地の整理縮小に関する県民条例」(1996年)、岐阜県御嵩町(みたけちょう)の「御嵩町における産業廃棄物処理施設の設置についての住民投票に関する条例」(1997年)など、原発、基地、産廃といった、いわゆる嫌忌施設問題についての住民投票条例の制定が相次ぎ現在に至っています。最近では、愛知県小牧市の「現在の新図書館建設計画に関する住民投票条例」に基づく住民投票が実施され、指定管理者制度を使った民間化の代表のようなTSUTAYA図書館の設置計画が否決されました。また、「東京都の小平都市計画道路3・2・8号府中所沢線計画について住民の意思を問う住民投票条例」に基づく住民投票は、道路計画内に、歴史環境保全地域にも指定されている玉川上水緑道や、市民の憩いの場である森林公園も含まれていることから、市民グループが見直しを求めたものでした。残念ながら、その結果は投票率が35.17%にとどまり不成立となったため、同条例の規定に基づき開票すら行われませんでした。条例に基づく住民投票条例の制定が増えるとともに、成功や失敗の例が積み重ねられ、現実的な重要な論点も浮かび上がってきます。

「民主主義からの退場」ではなく、まっとうな住民投票(Decent Referendum)=「熟議住民投票」を目指して

　直近の参議院選挙の結果にみられるように、50%の投票率が常態になった選挙事情からすると、SEALDs (Students Emergency Action for Liberal Democracy -s)の若者たちのような「例外」を除いて、傍

観者民主主義・無関心民主主義はなおも増殖中であり、たしかに代表民主制が機能不全に陥っているようにみえます。はたして選挙民は、代表者がいつも代表者のふりをしているだけで、被代表者が真に代表されることがないことに絶望したり、あるいは「いつも聞かされる政治の言葉」（高橋源一郎、明治学院大学教授・作家）に飽き飽きしたりしているのでしょうか。そうであるとすれば、このような文章を読んでいるあなたも、「いつも読まされる学者の言葉」に辟易としているのでしょうか。

　それでは、住民は、自ら民主主義から退場してしまうことになってしまいます。その原因が、代表者が被代表者の声をきちんと聞かないところにあるのか、それとも被代表者が自分の声をきちんと発しないところにあるのか判断が難しいところですが、小平市都市計画道路住民投票条例に基づく住民投票の実施においても同様の問題が顕在化してしまいました。直接民主制も「民主主義からの退場」問題を抱えているようにみえます。

　しかし、わたしは悲観していません。わたしは、それぞれの住民が自治体の問題について自分自身で決断すれば、自治体の居住はかならず快適になり、もっと人生が楽しくなるに違いないと考えています。自分で決断すれば、自分が責任取らなきゃいけなくなるなんて悲観的には考えていません。ただ、重要なのは、住民同士の話し合いを十分に熟成させる「熟議住民投票」[*8]を目指すことです。料理ではありませんが、民主主義の実践においても、外から調味料を入れて加工するのではなく、適切な時間をかけて議論を発酵させて、素材のうまみを引き出すことが不可欠なのです、代表民主制の実効性確保の肝が公開の討論にあるように、直接民主制の肝も公開の熟議にあるのではないでしょうか。公開の熟議を尽くしてまとまらない民意なんてありえません。

　経済学において、だれが生産手段について支配力を有するのかは重

要な問題です。これになぞらえていえば、自治体の政治・行政において、だれが意思決定手段に対する支配力を有するのか、さらに、だれが意思決定内容に対して支配力を有するのか。これが自治体の民主主義にとって、決定的に重要です。信頼できる政治家に意見を届け、代言・代弁、代議、代訴してもらう代表民主制も大切ですが、真の民意に応答しない政治家が蔓延するときには、住民自身が、直言・直弁、直議、直訴することも重要です。まっとうな住民投票は、そのための一つの道具です。この貴重な道具をおおいに活用しましょう。

注

1 辻山幸宣（「沖縄辺野古シンポジウム余話」自治総研 2016 年 6 月号コラム）は、たとえ土地所有者が署名を拒んでも内閣総理大臣が署名押印さえすれば収用が可能となる駐留軍用地特別措置法の改正が、いまや沖縄にだけしか適用がない「地方特別法」の改正であるにもかかわらず、憲法第 95 条の住民投票の実施なく行われたことの再検討こそ分権改革の残された課題であると指摘しています。

2 諮問型住民投票を許容する見解が通説的です。判例においても、住民投票の尊重義務規定の法的拘束力は否定されています（那覇地判平成 12 年 5 月 9 日）。これに対して、たとえば「住民投票立法フォーラム」（現在は、「[国民投票／住民投票] 情報室」＝代表・武田真一郎）の「住民投票に関する特別措置法」案は、「発案の投票」（イニシアチヴ）や「表決の投票」（レファレンダム）のいずれにおいても、有効投票の過半数が投票資格者総数の 3 分の 1 に達すれば、長その他の執行機関および議会を拘束するとしていたことは興味深いことです。

3 たとえば、住民投票の対象事項については、ポジティブ（積極カタログ）方式とネガティブ（消極カタログ）方式があり、投票権者の範囲については、日本国籍を有する者に限定するか（定住外国人の問題）、年齢制限をどうするかなどの問題（子どもの問題）、自治体住民の範囲の問題などです。また、住民投票の請求権者・発議権者についても、議会または首長が住民投票の請求権者・発議権者となりうるのかの問題がありますが、議会発議の場合は、議案の提出要件を満たし議決を要することは当然であり、首長自らの発議の場合には、自己

都合の政治的濫用に注意すべきです。住民が請求権者である場合は、もちろん請求に必要な署名収集など署名要件の問題があります。

4　直近の具体例は、大阪市を廃止して、五つの特別区の設置する「大阪都」を構想することの是非を問うた住民投票があります。地方自治法第281条が「都の区は、これを特別区という」と定めていることから、特別区の設置が「都」となるための要件とされているため、「大阪都構想」の実現のためには、特別区を設置することが不可欠だったのです。現在、この要件を充たす地方公共団体は東京都だけです。このように、「都」と「府」は、名前が違うだけではないことに注意しましょう。

5　さらにわたし流のもっと勝手な言い方を許してもらえば、選挙は「政治的秩序」の確保のため、いわば階級代表について意思決定するものであり、住民投票は「市民的秩序」の確保のため、いったん階級代表の観念から決別し、行政のイシュー（争点）ごとに意思決定するものといえるのではないでしょうか。

6　この兼子仁（東京都立大学名誉教授）の考え方については、白藤「地方自治法の『抜本改正』と議会改革」加茂利男・榊原秀訓ほか『地方議会再生』（自治体研究社、2011年）34頁以下ですでに検討したので参照してください。

7　早川誠『代表制という思想』（風行社、2014年）194頁。

8　榊原秀訓「住民参加の展開と課題」室井力編『住民参加のシステム改革』（日本評論社、2003年）8頁以下は、住民の参加制度改革により、その「合意調達機能・統合機能」の発揮が期待されるとします。また、民主主義理論と住民参加理論のリニューアルにかかわって、「討議的参加制度」の重要性を指摘します。私見は、住民投票前の情報提供と討議・熟議民主主義を、部分的ではあれ融合できないかという意味で、「熟議住民投票」を唱えるものです。

第8章　「直訴」する住民

●住民訴訟は「熟議民主主義」と「熟議法治主義」の具体化

　自治体行政を良くするのも悪くするのも住民自身ですから、違法・不当な行政を予防するために、日頃からしっかり自治体の行政をチェックし監視することがとても大切です。しかし、長や議員、あるいは職員がいくら頑張っても、彼らが人間である限り、違法・不当な行政を絶対に予防できるとはかぎりません。もし違法・不当な行政が不幸にも起きてしまった場合、住民は、それをどのようにストップし、是正することができるのでしょうか。本章では、地方自治に特有の制度としての住民監査請求（地方自治法第242条）と住民訴訟（同法第242条の2以下）について考えてみましょう。江戸時代の「直訴」とは少し意味が違いますが、住民が本当に裁判所に訴えるしくみの勉強です。

違法・不当な行政の予防
―― 行政手続法、行政苦情処理制度、オンブズパーソンなど

　行政は、法律による行政だとか、法治主義とかいわれるように、そもそも法律や条例に基づいて行政活動をすることが義務づけられています。したがって、法律などが定めたとおり行政活動が行われているかぎり、違法・不当な行政は発生しないはずです。昔むかしは、行政の判断は常に正しく、たとえ行政手続に瑕疵があっても、「結果よけ

れば、すべてよし」といった行政の絶対信仰の考え方が支配的でした。しかし、実際には、行政を担う人々も生身の人間ですから、ときには法解釈を間違ったり、公益判断を誤ったりすることは避けられません。そこで、許可や認可に代表される行政処分の事前手続の適正化を図る目的で行政手続法が制定されました。[*1]

このほか、行政に対する住民の不服（不平・不満）を解消するために、法定・非法定の苦情処理制度が整備されるようになっています。法定のものとして、国には「行政相談委員制度」があり（行政相談委員法）、自治体には公害苦情相談員制度（公害紛争処理法）や消費者問題の苦情処理制度（消費者基本法、自治体の消費者保護条例）などがあります。ただ、自治体レベルでの苦情処理制度の法的整備はまだまだ不十分です。そこで、自治体によっては、いわゆる「オンブズパーソン」の制度を自治体の要綱などで制定しています。東京都中野区の「福祉オンブズマン」や神奈川県川崎市の「市民オンブズマン」の制度は、その嚆矢でよく知られるところです。この「オンブズパーソン」制度には、「行政監視機能」、「苦情処理機能」および「行政改善機能」[*2]といった違法・不当な行政の予防・是正が期待されています。

違法・不当な行政を正す方法——事後的な行政救済制度

しかし、いくら予防しても違法・不当な行政が実際に起きてしまった場合、これを正す方法はあるのでしょうか。

行政事件訴訟法第3条は、「行政庁の公権力の行使に関する不服の訴訟」として、民事訴訟とは異なる特別の訴訟方法を定め、行政の相手方である国民が、違法な行政処分によって「法律上の利益」を侵害された場合には、「抗告訴訟」（取消訴訟、無効等確認訴訟、不作為の違法確認訴訟、義務づけ訴訟、差止訴訟）を提起することができるようにしています。これらは一般的に行政裁判（訴訟）といわれます。具

体的には、道路交通法に違反していないのに運転免許を取り消されたり、食品衛生法に違反していないのに営業許可を停止されたりした場合を考えてみてください。タクシーの運転手さんや食堂経営者にとっては死活問題ですから、法的救済の機会が与えられて当然です。したがって、わたしたちが行政の相手方として違法な行政処分による権利利益の侵害を被った場合には、一定の要件のもとではあれ（実は、これがなかなか難関です）、裁判所の救済を求めることができる仕組みになっています。[*3]

　しかし、このような行政裁判は、違法な行政処分によって「自己の法律上の利益」（「自分の権利利益」と考えてください）を侵害された場合に限定されています。「自己の法律上の利益」に直接かかわりのない違法な行政については、そもそも行政裁判を提起する資格が認められていません。これでは違法な行政が野放しになってしまいます。そこで、行政事件訴訟法は、「国又は公共団体の機関の法規に適合しない行為の是正を求める訴訟で、選挙人たる資格その他自己の法律上の利益にかかわらない資格で提起する」（第5条）ものとして「民衆訴訟」を定めています。そうすると、行政処分が違法であると主張さえすれば訴訟の提起が可能になり濫訴の弊が危惧されるとの理由から、「法律に定める場合において、法律に定める者に限り、提起することができる」（第42条）という制限がついています。このような民衆訴訟の典型例が、地方自治法という法律によって定められ、地方自治法という法律が定める者だけが提起可能な住民訴訟ということになります。

住民訴訟制度の「民主主義的機能」と「法治主義的機能」

　最高裁判決（最判昭和53・3・30）は、住民訴訟制度の意義・目的にかかわって、「地方自治の本旨に基づく住民参政の一環として、住民に対しその予防又は是正を裁判所に請求する権能を与え、もつて地方

財務行政の適正な運営を確保することを目的としたもの」であり、「地方公共団体の判断と住民の判断とが相反し対立する場合に、住民が自らの手により違法の防止又は是正をはかることができる点に、制度の本来の意義がある」。また、住民の訴権の性質については、「地方公共団体の構成員である住民全体の利益を保障するために法律によって特別に認められた参政権の一種であり、その訴訟の原告は、自己の個人的利益のためや地方公共団体そのものの利益のためにではなく、専ら原告を含む住民全体の利益のために、いわば公益の代表者として地方財務行政の適正化を主張するものである」と述べています。

　このような最高裁の考え方は、「住民参政の一環」や「参政権の一種」といった表現からわかるように、住民訴訟を直接民主主義制度の一環として位置づけるもので、住民訴訟の「民主主義的機能」に着目するものといえます。しかし、住民訴訟は、「住民全体の利益」のための「公益の代表者」訴訟といえるとしても、住民であれば一人でも提起できることから、原告・住民の意思が常に「住民全体の意思」であるというわけにはいきません。この意味では、住民訴訟は、むしろ自治体行政の「適法性確保のための司法統制」であると位置づける考え方もありうるでしょう。つまり、地方公共団体も地域的統治団体であるかぎり、いつなんどき住民に襲いかかるリヴァイアサン（魔獣）になるかもしれません。そこで、住民訴訟の「法治主義的機能」に着目し、この自治体権力の論理や独善的な行政を法的に制御するため、自治体行政のあり方をチェックし、違法な行政をストップし、是正することに期待することも十分に説得的です。

　住民訴訟制度は、「民主主義的機能」（住民参政の一環）と「法治主義的機能」（適法性の確保）をともに兼ね備えた、いわば「熟議民主主義」と「熟議法治主義」[*4]を具体化する制度であるといえます。裁判所という司法フォーラムで、住民が行政相手に正々堂々と法的な熟議を

することが自治体民主主義にとっては不可欠です。

住民監査請求と住民訴訟

　住民訴訟を提起するには、事前に住民監査請求をしておかなくてはなりません。これを住民監査請求前置主義といいます。住民監査請求の対象は、①違法・不当な公金の支出、②違法・不当な財産の取得・管理・処分、③違法・不当な契約の締結・履行、④違法・不当な債務その他の義務の負担、および⑤違法・不当に公金の賦課徴収または財産の管理を怠ることとされています。一般に、①から④は「財務会計行為」、⑤は「怠る事実」と称され、監査委員に対して、これらの行為についての監査請求を行うことになります（地方自治法第242条第1項）。

　そして、監査委員の監査の結果や勧告などに不服のある場合、①財務会計行為の差止請求、②行政処分たる財務会計行為の取消・無効確認請求、③怠る事実の違法確認請求、または④当該職員に対する損害賠償請求もしくは当該行為の相手方に対する不当利得返還請求をすることを求める住民訴訟を提起することができます。①から④が地方自治法第242条の2第1項の第1号から第4号に規定されていることから、「1号請求」から「4号請求」と呼ばれます。

住民訴訟4号請求の構造転換と問題点

　請求事項が最も多い（7、8割くらいでしょうか）という意味で住民訴訟の中心的位置を占める4号請求について、少しだけみておきましょう。

　2002年地方自治法改正後の第242条の2第1項第4号本文は、「当該職員又は当該行為若しくは怠る事実に係る相手方に損害賠償又は不当利得返還の請求をすることを当該普通地方公共団体の執行機関又は

職員に対して求める請求」と定めています。*5 説明の便宜上、「当該職員」*6 の場合を想定すると、原告・住民は、「執行機関又は職員」（権限の委任などがない限り、地方公共団体の長ですが、実質的には地方公共団体といってよいでしょう）を被告として、違法な財務会計行為を行った当該職員個人に対し、当該地方公共団体が被った損害賠償請求を行うことを義務づける訴訟を提起することになります。改正前4号請求では、原告・住民は、地方公共団体に代位して、違法な財務会計行為を行った当該職員個人を直接の被告として、損害賠償請求訴訟を提起していたので、大きな構造転換を遂げたことになります。これではときには、被告として地方公共団体が違法な財務会計行為を行った当該職員個人を無理に弁護することにもなりかねません。地方公共団体が原告・住民の前に立ちはだかる高い壁になってしまいます。

住民訴訟4号請求における違法性

　住民訴訟は、「地方財務行政の適正な運営を確保することを目的」として、財務会計行為の違法性を争う訴訟です。しかし、住民は、財務会計行為そのものの違法性よりも、財務会計行為に先行する行政活動の違法性を問うために、住民訴訟を提起することがままあります。

　たとえば、「津地鎮祭訴訟」*7（最判昭和52・7・13）では、財務会計行為が違法となるのは、それ自体が直接法令違反の場合だけではなく、地鎮祭といった財務会計行為に先行し支払いの原因となる「非財務会計行為」が違法である場合も含むという判断が示されました。このような考え方は「違法性の承継アプローチ」とでもいうことができ、「非財務会計行為の間接統制機能」（東京大学教授・宇賀克也）を重視したもので、その後も最高裁の支配的考え方のようにみえました。

　しかし、いわゆる「一日校長事件」*8（最判平成4・12・15）では、財務会計行為の違法性が認められるのは、「たといこれに先行する原因行

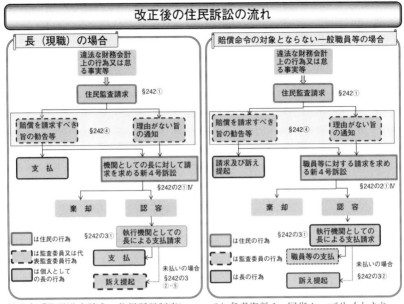

総務省「住民監査請求・住民訴訟制度について」参考資料1。同省ウェブサイトより

為に違法事由が存する場合であっても、右原因行為を前提としてされた当該職員の行為自体が財務会計法規上の義務に違反する違法なものであるときに限られる」という一般的定式が示されたうえで、教育委員会による先行行為（昇格処分＋退職承認処分）と知事による財務会計行為（退職金支払い）との関係について、「地方公共団体の長は、右処分が著しく合理性を欠きそのためこれに予算執行の適正確保の見地から看過し得ない瑕疵の存する場合でない限り、右処分を尊重しその内容に応じた財務会計上の措置を採るべき義務があり、これを拒むことは許されない」として、財務会計行為の違法性を否定しました。これは、いわば「財務会計法規上の義務違反アプローチ」とでもいうべきもので、これによれば、先行行為の「違法性の承継」は、ほとんどの場合否定されることになりそうです。

「一日校長事件」判決の射程が本来吟味されるべきところですが、下級審では「予算執行の適正確保の見地から看過し得ない瑕疵の存する場合でない限り」の部分がひとり歩きして、先行行為の違法性と財務会計行為の違法性は切断されつつあります。しかし、「非財務会計行為の間接統制機能」を軽視してしまっては、住民訴訟は息絶えてしまいます。仮に「財務会計法規上の義務違反アプローチ」をとるにしても、「財務会計法規」を地方財政法などの典型的なものにとどめず、地方自治法第 2 条第 14 項（最小経費最大効果原則）や同法第 138 条の 2（長の誠実管理執行義務）など、「財務会計法規」の範囲を広げることで、財務会計法規上の義務違反を問う可能性も考えたほうがよさそうです。

損害賠償請求権の放棄議決問題と住民訴訟

第 4 章で、「国立市景観訴訟」を例にして、議会による損害賠償請求権の放棄の問題に少しふれました。原告・住民が苦労して勝ち取った判決を無にするような住民訴訟係属中の損害賠償請求権の放棄が問題とされる事件が続きました。結局、最高裁判決（最判平成 24・4・20 および最判平成 24・4・23）の法廷意見は、放棄議決は議会の裁量権に基本的に委ねられているが、議会の裁量権行使に逸脱・濫用の瑕疵があれば介入すると判断しました。[*9] 住民訴訟にも損害賠償請求権の放棄議決にも生理と病理のものがあります。住民訴訟や議会の権利放棄の政治的濫用には注意したいものです。

地方自治法という法律で定められた住民訴訟制度は、音楽にたとえれば、いわば立法者が作曲した地方自治保障の"旋律"です。この旋律をどのように演奏するかは、第一義的に、また、最終的に裁判所の役割でしょう。しかし、その旋律のなかに地方自治の本旨を見いだし、地方自治の希望の歌詞をつけ、どのように"自律"を謳いあげるかは、

自治と分権の番人としての住民の役割です。大切に謳いあげようではありませんか。

注

1　行政事件訴訟法第3条第2項では「行政庁の処分その他公権力の行使に当たる行為」と定義されています。
2　木佐茂男・田中孝男編著『自治体法務入門　第4版』（ぎょうせい、2012年）228頁参照。
3　行政事件訴訟法は、裁判所による国民の権利利益の救済制度ですが、より簡易迅速・公正な権利救済と行政の適正な運営の確保を目的とした行政不服審査法の不服申立制度があります。2016年4月から全部改正され、その実効性が今後試されるところです。また、違法な行政によって生じた損害賠償を求める国家賠償法に基づく国家賠償請求も、もちろん重要です。
4　第7章で、住民投票を考えるなかで「熟議住民投票」について書きました。これは「熟議民主主義」の一態様として論じたものですが、専ら適法性の確保を目的とする裁判の公開討論の場でも、行政と住民の当事者同士の熟成した法的議論を重視する法治主義のあり方を「熟議法治主義」と表現しています。
5　4号ただし書は、「ただし、当該職員又は当該行為若しくは怠る事実に係る相手方が第243条の2第3項の規定による賠償の命令の対象となる者である場合にあつては、当該賠償の命令をすることを求める請求」と定め、予算執行職員（会計担当職員）に対する賠償命令制度との関係を整理し、これに賠償命令をすることを求める訴訟を提起することができるとしています。
6　当該職員とは、「財務会計行為を行う権限を法令上本来的に有するものとされている者及びこれらの者から権限の委任を受けるなどして右権限を有するに至った者」を広く意味するとされます（最判昭和62・4・10）。
7　津地鎮祭訴訟とは、三重県津市の体育館建設の地鎮祭が政教分離を定めた憲法第20条第3項違反の違法な行事（先行行為＝非財務会計行為）であり、したがって、これを執り行った神主に支払われた礼金（財務会計行為）も違法な公金の支出であるとして争われた住民訴訟です。支出の原因となる先行行為の憲法違反の違法性が、後行行為の財務会計行為の違法性に承継されるとした判例です。

8　一日校長事件とは、東京都教育委員会が、勧奨退職に応じた教頭職の教員29人を年度末の3月31日だけ名目的に校長に任命し、名誉昇給制度を適用し、2号給昇給のうえ退職承認処分をして、これらにかかる退職金支払の予算執行権限を有する都知事が、これを前提に退職金の支出決定と支払いを行ったため、これを違法な公金の支出として争った住民訴訟です。旧「地方教育行政の組織及び運営に関する法律」の趣旨が、教育行政委員会の長からの独立性を定め、教育の政治的中立性と教育行政の安定確保を図り、同時に、教育行政の財政的基盤の確立を期する法律であるという点では、評価すべき判決でもあります。

9　この裁量権の逸脱・濫用の具体的場合について、「権利の放棄の議決が、主として住民訴訟制度における地方公共団体の財務会計行為の適否等の審査を回避し、制度の機能を否定する目的でされたと認められるような例外的な場合（たとえば、長の損害賠償責任を認める裁判所の判断自体が法的に誤りであることを議会として宣言することを議決の理由としたり、そもそも一部の住民は選挙で選ばれた長の個人責任を追及すること自体が不当であるとして議決をしたりするような場合が考えられる）には、そのような議会の裁量権の行使は、住民訴訟制度の趣旨を没却するものであり、そのことだけで裁量権の逸脱・濫用となり、放棄等の議決は違法となる」との千葉勝美裁判官の補足意見があります。

第9章 「公の施設」はだれのもの

●公の施設と住民の利用権

　地方自治法は、「第10章　公の施設」を定めています。これは、「公の施設」と読みます。「住民の福祉を増進する目的をもってその利用に供するための施設」(第244条第1項)と定義されているのですが、一般的抽象的にすぎてなんのことやらさっぱりわかりません。1963年の地方自治法改正で、それまで「第9章　財務」のなかで「第9節　財産及び営造物」というかたちで規定されていた「営造物」が、「第10章　公の施設」(第244条から第244条の4まで)と衣替えして独立した経緯があります。たった4か条にすぎない条項をなぜ独立させねばならなかったのでしょう。不思議がいっぱいの「公の施設」について考えてみましょう。

「営造物」から「公の施設」へ

　もともと営造物だったといわれても、営造物概念自体が難しい概念です。行政法の教科書では、「公共目的を実現することを目的とする人的施設と物的施設の総合体」などと定義されてきました。たとえば公立図書館を例にすると、いくら図書館の建物や蔵書があっても(物的施設)、そこで働く司書さんたち職員(人的施設)がいなければ、住民は図書の閲覧・貸出サービスなどを受けることはできません。このようにヒトとモノ(設備)が一体となってはじめて公共サービスを提供

することができる施設のことを営造物といったのです。

　しかし、この営造物概念は、そもそも国・自治体に帰属する営造物を恩恵的に住民に提供してやるといった上から目線の概念であったため、その管理者である国・自治体の包括的な支配権（営造物権力）に服し、憲法の人権保障（とくに生存権・生活権・社会権）や法律による権利保護を受けることがない法治主義の埒外にある法関係と観念されてきました（専門的には、「特別権力関係」と呼ばれました）。これでは、管理者の我儘勝手がまかり通ることになります。そこで、単なる財産管理[*1]の対象にすぎないとされた営造物を、住民の基本的人権を保障する観点から、もっと具体的にいえば、住民の営造物の利用を権利として保障するために、営造物概念を廃止して、新たに「公の施設」概念を導入することとしました。これでようやく、「公の施設」の利用関係を法治主義の世界に引き込むことができ、住民の利用権の確立が展望できることになったのです。

公の施設の種類と要素

　「住民の福祉を増進する目的をもつてその利用に供するための施設」というだけでは、具体的にどのような施設かイメージできません。ある地方自治法の教科書は、「社会福祉施設（児童福祉施設・保育所・老人福祉施設）、学校教育施設（公立小中学校など）、社会教育施設（図書館・公民館・体育館・文化センター）、衛生・医療関係施設（下水道・保健所・公立病院・診療所など）、供給事業施設（水道事業の施設など）[*2]」に分類し、公の施設の多様性を指摘しています。

　これらの公の施設に共通する要素は、以下のとおりです。公の施設か否かを判断する目安となるでしょう。

　①　公の施設の設置主体は、その施設を住民の利用に供することができる何らかの権原（所有権、賃借権など）を有する自治体であること。

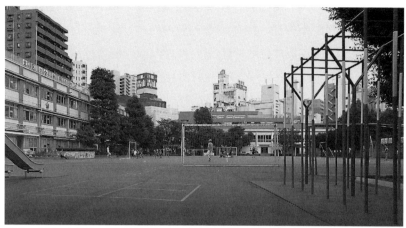
東京・北区の小学校。日曜日の午後、少年サッカーチームに校庭を開放（編集部撮影）

② 住民の利用に供する施設であることから、自治体の庁舎、各種試験場あるいは研究所など、もっぱら公用に使用し住民の利用を予定しない施設は、行政財産であっても、公の施設とはしない。

③ 公の施設の利用の法形式は、何人も利用可能な「一般（自由）使用」形式（道路・河川・橋・公園・緑地など）、管理者の使用許可が必要な「許可使用」形式[*3]（市民会館・公民館など）あるいは「契約」形式（上水道・ガス・電気・公営住宅・交通など）など種々である。

④ 公の施設の利用が可能な者は、当該施設の設置自治体の住民である。したがって、当該区域外の住民は、自分の居住自治体との協議が調（ととの）っていない限り、権利として利用することはできない。

⑤ 「住民の福祉を増進する目的」は、住民の福祉の増進に「直接」資するものでなければならず、もっぱら財政的な目的である競輪・競馬場や、公共の秩序の維持と安全にかかる留置場などは、公の施設としない。

⑥ 営利性・収益性の有無は、公の施設の要素ではない。

公の施設の利用権

　公の施設の利用権について考えてみましょう。住民が住所を有する自治体から「役務の提供を等しく受ける権利」（第10条第2項）を有することから、公の施設の利用権もこれに含まれることは明らかです。ただ、その利用権がどのような権利性をもつかについては議論があり得るところでしょう。ここでは、住民自治あるいは住民主権に基づく公の施設の利用権といった視点の重要性だけを指摘するにとどめ、それを具体化した地方自治法の規定をみておきましょう。

　①　「正当な理由がない限り、住民が公の施設を利用することを拒んではならない」（第244条第2項）——ここでの「正当な理由」は、明らかな利用規則違反や使用料未納付など利用権の行使がそもそも公の施設の設置目的に違反する場合、収容可能人員を超えるなど施設の給付能力を超え管理上の支障・危険が生じる場合など、極力限定的に解釈し、住民の利用を拒むことがないようにすべきでしょう。

　最高裁は、この「正当な理由」にかかわって、大阪府の泉佐野市立泉佐野市民会館条例が定める「公の秩序をみだすおそれがある場合」の要件について、「本件会館の使用を許可してはならない事由として規定しているが」「本件会館における集会の自由を保障することの重要性よりも、本件会館で集会が開かれることによって、人の生命、身体又は財産が侵害され、公共の安全が損なわれる危険を回避し、防止することの必要性が優越する場合をいうものと限定して解すべきであり、その危険性の程度としては」「単に危険な事態を生ずる蓋然性があるというだけでは足りず、明らかな差し迫った危険の発生が具体的に予見されることが必要である」（最判平成7・3・15）と限定解釈しています。

　また、埼玉県の上尾市福祉会館設置及び管理条例が定める「会館の

管理上支障があると認められるとき」の要件についても、住民等は、施設の設置目的に反しない限り、原則的に利用が認められるべきであり、管理者が正当な理由なく利用を拒否すれば、憲法が保障する集会の自由の不当な制限につながるおそれがあるとして、「会館の管理上支障が生ずるとの事態が、許可権者の主観により予測されるだけでなく、客観的な事実に照らして具体的に明らかに予測される場合に初めて、本件会館の使用を許可しないことができることを定めたもの」とやはり限定解釈しています（最判平成8・3・15）。事件ごとの当てはめによって適法・違法の具体の判断には差異が出るものの、「正当な場合」を限定解釈している限りにおいて、住民の利用権を尊重する方向性がみてとれます。

　②「公の施設を利用することについて、不当な差別的取扱いをしてはならない」（第244条第3項）──「不当な差別的取扱い」にもいろいろな態様があるでしょうが、利用者である住民の「人種、信条、性別、社会的身分又は門地」（憲法第14条）に基づく差別は論外です。ただ、注意しなければならないのは、「不当な差別的取扱い」とは、あくまでも「合理的な根拠のない差別的取扱い」という点です。この点、たとえば公の施設の利用料を生活困窮者に減免したり、公営住宅の入居者資格を低額所得者に限定したり、保育所の利用料金を所得別に定めたりするなどは、合理的な根拠のある取扱いといってもよいでしょう。

　ただ、微妙な場合があるのも確かです。わたしの隣町（山梨県旧高根町）では、別荘給水契約者に対する住民との差別的基本料金の賦課が事件になりました。最高裁は、「公の施設を利用する者の中には、当該普通地方公共団体の住民ではないが、その区域内に事務所、事業所、家屋敷、寮等を有し、その普通地方公共団体に対し地方税を納付する義務を負う者など住民に準ずる地位にある者が存在」し、地方自治法第244条第3項が「憲法14条1項が保障する法の下の平等の原則を

公の施設の利用関係につき具体的に規定したものであることを考えれば」、「住民に準ずる地位にある者」の利用関係にその規律が及ばないと解するのは相当でないと判断しています（最判平成18・7・14）。地元に住む住民としては、正直なところ、「別荘住民」が「実質的に住民と同視される者」か、どうかについて感情的に肯定できない点もありますが、水道料金の設定にあたり個別原価をあまりにも無視した料金設定は「不当な差別的取扱い」といわれてもしかたがない瑕疵があったことは確かです。

③　公の施設の利用と行政財産の目的外使用

公の施設が行政財産としての学校教育施設である場合などには、行政財産の目的外使用許可（第238条の4第7項）が問題となる場合があります。[*4] 先にみたように許可権者の裁量が極力限定される公の施設の利用の場合と違って、目的外使用許可の場合は、管理者の裁量の幅がとても大きいと解されてきました。たとえば日本教職員組合の教育研究集会の会場使用が、しばしば問題にされ繰り返し裁判になっています。最高裁は、（広島県）呉（くれ）市学校教育施設使用不許可事件（最判平成18・2・7）において、「学校施設の目的外使用を許可するか否かは、原則として、管理者の裁量にゆだねられている」とし、学校教育上の支障のほか、学校教育上の「支障がないからといって当然に許可しなくてはならないものではなく、行政財産である学校施設の目的及び用途と目的外使用の目的、態様等との関係に配慮した合理的な裁量判断により使用許可をしないこともできる」[*5] としています。たしかに最高裁による司法審査は、裁量の「判断要素の選択や判断過程に合理性を欠くところがないかを検討し、その判断が、重要な事実の基礎を欠くか、又は社会通念に照らし著しく妥当性を欠くものと認められる場合に限って、裁量権の逸脱又は濫用として違法となるとすべきもの」というように、いわゆる「判断過程審査」といわれる密度の濃いものとされ

ていますが、公の施設の利用と行政財産の目的外使用の「相対化」がどこまで進むかは、注目に値します。

公の施設の「管理委託制度」から「指定管理者制度」へ

　さて、神奈川県の「津久井やまゆり園」で起きた元職員による19人もの死者を出した大量殺人といった衝撃的な事件（2016年7月26日）は、まだ記憶に新しいところです。この公の施設は、もともと重度の知的障害者を援護する神奈川県立の社会福祉施設でした。この神奈川県直営の公の施設に「指定管理者制度」が導入されたのは、2005年4月のようです*6。そこで、公の施設の設置・管理にかかる指定管理者制度について少し考えてみましょう。

　現行の地方自治法は、「普通地方公共団体は、公の施設の設置の目的を効果的に達成するため必要があると認めるときは、条例の定めるところにより、法人その他の団体であつて当該普通地方公共団体が指定するもの（以下本条及び第244条の4において「指定管理者」という）に、当該公の施設の管理を行わせることができる」（第244条の2第3項）と定めています。この指定管理者制度は、2003年地方自治法改正で導入されたものです。導入前は、「普通地方公共団体は、公の施設の設置の目的を効率的に達成するため必要があると認めるときは、条例の定めるところにより、その管理を普通地方公共団体が出資している法人で政令で定めるもの又は公共団体若しくは公共的団体に委託することができる」という「管理委託制度」でした。

　管理委託制度は、法律または条例に基づく委託・受託の公法上の契約の性格を有するものでしたが、事業者は、自治体が2分の1以上出資するなどの出資法人、公共団体（土地改良区など）または公共的団体（農協、生協、自治会など）に限られ、それだけに自治体との連携が図りやすいという利点もありました。ただ、使用許可など公権力の

行使が認められず、施設の一元管理などによる経費削減ができないなどが欠点として指摘されたりしました。

指定管理者制度は、いわゆる「公共サービス改革法」などに代表される行政の民間化・市場化論に基づき、行政サービスの提供主体とその方法の多元化・多様化を具体化したものです。指定管理者は、自治体が条例に基づき、議会の議決を経て指定する団体です（個人は除外）。その範囲は、株式会社、公益法人・公益的法人、NPO法人、任意団体など、民間事業者まで拡大されています。自治体には一定の管理権限（指定管理者に対する業務・経理の報告徴収権、実地調査権、必要な措置の指示権、指定取消権、業務の一部・全部停止命令権など）は残りますが、指定管理者は、公の施設の管理運営の代行を委ねられ、使用許可などの個々の利用関係を設定する公物管理権の行使が可能となり、利用料金制度を採用し、料金の収受も可能になりました。このように管理委託制度と比較して、指定管理者の権限の範囲は飛躍的に拡大しています。

ただし、法令上、自治体または自治体の長に専属する行政処分権限を行使することは許されません。たとえば、分担金、加入金、過料または法律で定める使用料の強制徴収はできませんし（地方自治法第231条の3第3項）、公の施設を利用する権利に関する処分についての審査請求（同第244条の4）などの裁決もできません。また、公の施設の秩序と安全確保のための入館拒否処分や退去命令などの、いわゆる「公物警察権」といわれる管理行為はできないと解されています。

しかし、なにをどこまで指定管理者に委ねるかは、指定手続、管理基準、業務範囲など、条例次第です。その内容をどう規定するかがもちろん重要ですが、自治体と指定管理者との間の協定の内容も重要です。そして、内容ばかりでなく、条例制定や協定締結の手続における熟議が重要であることも忘れてはなりません。

住民主権・住民自治の視点に立つ公の施設のあり方

　大阪府阪南市における公立保育所の全廃・統合問題、あるいはさいたま市の三橋公民館による「9条俳句」の「公民館だより」への不掲載事件など、公の施設の誤った管理・運営はあとを絶ちません。[*7]

　また、「地方創生」の名の下で、公の施設＝「公共施設」の統廃合・再配置が目論まれています。[*8]総務省は、「地域医療の確保と公立病院改革の推進に関する調査研究会」を設置し（2016年9月13日）、地方財政措置のあり方の検討を始めました。病院事業などの地方公営企業の抜本的改革も射程に入っているようです。ここでも広域連携などを理由とした公立病院の廃止・再編が議論されることでしょう。みんなの公の施設を、財政的理由で奪われてはなりません。公の施設の問題は、物理的な意味での「施設」のあり方に目を奪われず、住民主権・住民自治の視点に立ち、住民の暮らしを一層豊かにするための「制度」（Institution）の問題として、知恵を出し合い考えようではありませんか。

注

1　ちなみに地方自治法上（第237条以下）の「財産」は、公有財産、物品・債券および基金からなります。このうち公有財産は、行政財産と普通財産に分類され、さらに行政財産は、公用財産と公共用財産に分類されます。公用財産は自治体の庁舎など専ら行政目的遂行のための業務の用に供するもので、公共用財産は「公共」の用、つまり「住民みんな」の利用に供するものです。

2　渡名喜庸安ほか『アクチュアル地方自治法』（法律文化社、2010年）89頁。

3　行政法学では、「許可」とは、法令などによって一般的・相対的に禁止している行為（やってはいけないと規定されている行為）について、ある一定の条件を充たした場合に限って禁止を解除する行政処分です。その結果、わたしたち国民は、本来有しているはずの自由を回復することになります。したがって、

「許可使用」は、許可によって公の施設の使用の自由を回復することになるというわけです。
4　最近では、市庁舎の一部の休日開放や公立小中学校の図書館や校庭などの休日開放など、行政財産の一般開放・一般活用が進んでいます。この市庁舎などは、本来、公用の行政財産（公用財産）として公の施設と区別されてきたものであり、その利用は行政財産の目的外使用と解されてきました。これに対して宇賀克也は、行政財産の一般開放のような「公用財産の空間的時間的分割使用に公共財産として利用する動きが進めば、公用財産と『公の施設』を二律背反のものとしてとらえる思考自体が見直しを迫られる」としています（『地方自治法概説［第5版］』有斐閣、2013年、327頁）。
5　ここでの「学校教育上の支障とは、物理的支障に限らず、教育的配慮の観点から、児童、生徒に対し精神的悪影響を与え、学校の教育方針にもとることとなる場合も含まれ、現在の具体的な支障だけではなく、将来における教育上の支障が生ずるおそれが明白に認められる場合も含まれる。また、管理者の裁量判断は、許可申請に係る使用の日時、場所、目的及び態様、使用者の範囲、使用の必要性の程度、許可をするに当たっての支障又は許可をした場合の弊害若しくは影響の内容及び程度、代替施設確保の困難性など許可をしないことによる申請者側の不都合又は影響の内容及び程度等の諸般の事情を総合考慮してされるものであ」るともしています。
6　角田英昭『今こそ、指定管理者制度の抜本的な見直しを』（自治体問題研究所、2016年）27頁以下。
7　長澤成次『公民館はだれのもの―住民の学びを通して自治を築く公共空間』（自治体研究社、2016年）79頁以下。
8　森裕之『公共施設の再編を問う』（自治体研究社、2016年）は、「地方創生」における「選択と集中」について、「地域の『選択と集中』」「財政削減の『選択と集中』」を指摘し、公共施設の財政抑制、人口減少社会と地域・公共施設の再編問題を批判的に検討しています。

第10章 条例は地方・地域の大事なルール

●明治憲法下の「条例」と日本国憲法下の条例

「条例」と聞いて、明治時代の新聞紙条例（1887［明治20］年12月29日勅令第75号）、出版条例（1869［明治2］年5月13日行政官達第444号）、集会条例（1880［明治13］年4月5日太政官布告第12号）などを思い浮かべる人はスゴイです。

これらの「条例」は、1889（明治22）年に制定された大日本帝国憲法（明治憲法）の制定の前から存在したものですが、厳しい言論統制のための「法律」の役割を果たしました。同憲法第29条は、「日本臣民ハ法律ノ範圍内ニ於テ言論著作印行集會及結社ノ自由ヲ有ス」と定め、一応、「言論、著作、印行、集会および結社の自由」を保障することになったのですが、「法律の範囲内」という制限がついていました。のちにこれらの条例は廃止されますが、新聞紙法、出版法、集会及政社法などの大日本帝国議会が定める法律とされました。

したがって、日本国憲法上の条例や地方自治法の条例とは、まったく関係ありません。さて、それでは条例ってなんでしょうか。

「非実在青少年」の条例規制

もはや少し古い話になりますが、「東京都青少年の健全な育成に関する条例の一部を改正する条例案」（2010年2月24日）には驚かされま

した。とくに「年齢又は服装、所持品、学年、背景その他の人の年齢を想起させる事項の表示又は音声による描写から十八歳未満として表現されていると認識されるもの(以下「非実在青少年」という。)を相手方とする又は非実在青少年による性交又は性交類似行為に係る非実在青少年の姿態を視覚により認識することができる方法でみだりに性的対象として肯定的に描写することにより、青少年の性に関する健全な判断能力の形成を阻害し、青少年の健全な成長を阻害するおそれがあるもの」(第7条第1項第2号)として、「非実在青少年」と表されるマンガ・アニメの中の登場人物の性描写をターゲットにした表現の自由の規制でした。[*1] 明らかに憲法違反の疑いの濃いものであり、たとえ自主条例であれ、こんな条例って許されるのでしょうか。

立法自治権の憲法上の根拠

　日本国憲法第41条は、国会が唯一の立法機関であると規定しているので、地方公共団体が立法自治権を有しているというのは、当然というわけにはいきません。そこで立法自治権(条例制定権)の憲法上の根拠を、憲法第92条の「地方自治の本旨」に求めるものもあれば、憲法第94条が「地方公共団体は、その財産を管理し、事務を処理し、及び行政を執行する権能を有し、法律の範囲内で条例を制定することができる」と条例制定権を明文で定めていることに求めるものもあります。地方公共団体を地域的統治団体と位置づける考え方からすれば、立法自治権が行政自治権や財政自治権と並ぶ自治権のひとつとして、「地方自治の本旨」から導く考え方が素直であると思います。なぜなら、もし憲法第94条の規定がないと、立法自治権は保障されていないという解釈も成り立ってしまうからです。したがって、憲法第94条の条例制定権は、憲法第92条の立法自治権を確認的に定めたものと解していいでしょう。

憲法の条例と地方自治法の条例

　憲法の条例と地方自治法の条例とは、少し意味が違います。地方自治法は、「普通地方公共団体は、法令に違反しない限りにおいて第2条第2項の事務に関し、条例を制定することができる」（第14条第1項）と定め、さらに、「普通地方公共団体の長は、法令に違反しない限りにおいて、その権限に属する事務に関し、規則を制定することができる」（第15条第1項）と定めています。一般に、憲法の条例は、この地方議会が定める条例と長が定める規則の両方を含むものと解されています。本稿における条例は、地方自治法上の地方議会が定める条例の意味で使います。[*2]

条例制定権の憲法上の限界

　憲法は、条例制定権を「法律の範囲内」（第94条）に限界づけ、しかも財産権法定主義（第29条第2項）、勤務条件法定主義（第27条）、罪刑法定主義（第31条）あるいは租税法律主義（第84条）を定めていることから、憲法自身がこれらの事項に関しては条例による規制を排除する趣旨であるかのようにみえます。しかし、ここでは詳述することはできませんが、条例もまた法律と同様の民主的正統性のある法規範であるとすれば、また、この間の地方分権改革の動きからしても、一定の限界はあれ、条例による規制が一律排除されると解する必要はありません。実際、憲法が定める法律主義は克服される方向にあり、むしろどのような場合に、法律の範囲を超える違法な条例になるかの個別具体的な議論が重要になっています。

法律先占論とその克服

　条例制定権の範囲を画する伝統的な議論は、「法律先占論」といわれ

るものです。これによれば、条例は、①当該事項に関する法律の規定がなく、国法上まったくの空白状態にあるものについて条例が規律する場合、②法律が規律する事項と同一の事項について、当該法律とは異なる目的で条例が規律する場合、③法律が規律する目的と同一の目的で、法律が規律の範囲外としている事項について条例が規律する場合、違法にはなりません。しかし、条例が、④法律が一定の基準を設けて規律している場合に、法律と同一の目的で同一の事項について、法律の基準よりも厳しい基準で条例が規律する場合、⑤法律が一定の態様で規律している場合に、法律と同一の目的で同一事項について、法律の規律よりも厳しい態様で条例が規律する場合、⑥法律の特別の委任を超えて条例が規律する場合には、違法になるというのです。

　たとえば大気汚染防止法のような法律が、大気汚染を防止する目的で、一定の汚染物質について一定の基準で規制している場合、条例でそれ以上の厳しい規制をすると「上乗せ条例」となり違法となるという理論です。法律の定めがある場合に限って、条例による上乗せ規制が許されるというわけです。[*3]

　その結果、たとえば四日市公害では規制が遅れ、多くの住民が犠牲になりました。そこで、国民の命や健康を守れない法律が存在し、これを補完するために条例規制が行われた場合にもかかわらず、この条例を違法というならば、そのような法律こそ憲法違反であるという法律先占論を克服する議論が学説では登場しました（室井力（むろいいつとむ））。いまでは、環境・公害行政領域では、法律先占論は克服されたといっていいでしょうが、その他の領域では、なおも困難な問題があります。法律以上の条例規制を許さない最大限度規制法律なのか、逆に、法律以上の条例規制を許す最小限度規制法律なのかの見極めがポイントになります。

判例における法律と条例との関係

　最高裁は、「条例が国の法令に違反するかどうかは、両者の対象事項と規定文言を対比するのみでなく、それぞれの趣旨、目的、内容及び効果を比較し、両者の間に矛盾抵触があるかどうかによつてこれを決しなければならない」として、たとえ「国の法令中にこれを規律する明文の規定がない場合」はもちろん、「特定事項についてこれを規律する国の法令と条例とが併存する場合でも、後者が前者とは別の目的に基づく規律を意図するものであり、その適用によつて前者の規定の意図する目的と効果をなんら阻害することがないときや、両者が同一の目的に出たものであつても、国の法令が必ずしもその規定によつて全国的に一律に同一内容の規制を施す趣旨ではなく、それぞれの普通地方公共団体において、その地方の実情に応じて、別段の規制を施すことを容認する趣旨であると解されるときは、国の法令と条例との間にはなんらの矛盾牴触はなく、条例が国の法令に違反する問題は生じえないのである」との定式をしめしています（徳島市公安条例事件、最判昭和50・9・10）。

　これは、法律と条例の対象事項と規定文言のみをよりどころとして解釈する法律先占論を否定したものであり、両者の趣旨、目的、内容および効果についての個別具体的な検討が必要であるとするところに意義があります。

　ただ、このような判例によっても、「ケース-バイ・ケースの微妙な判断」になることから、「裁判官が個別法の趣旨や効果をどう理解するかによって結論が違う」ことになってしまうおそれがあり、条例を制定する自治体の現場では、「無難な条例案にするというように委縮効果[*4]」が生まれてしまうという批判があるところです。[*5]

法令による義務付け・枠付けなどの見直しと
条例制定権の拡大論

　このような状況のもとで、第2次地方分権改革では、「国によるさまざまな義務付け・枠付け、関与などを明快な基準にもとづき徹底的に見直すことで廃止するとともに、条例により法令の規定を『上書き』する範囲の拡大を含めた条例制定権の拡大をはかっていくことは、自治立法権を確立していくことにつながる」として、「条例による補正の許容」が「地方自治体による法令の『上書き』を確保しようとするもの」として、いわゆる「上書き権」・「上書き条例」の議論が展開されました。

　結局は、国会が唯一立法機関であることや従来の条例制定権の限界論、あるいは政令・府令・省令への法律委任が必要であることなどの理由で消えてしまいましたが、4次にわたる「地域の自主性及び自立性を高めるための改革の推進を図るための関係法律の整備に関する法律」に基づき、新たな「条例委任」による条例制定権の拡大傾向がみられます。

　児童福祉法を例にとれば、旧児童福祉法第45条第1項は、「厚生労働大臣は、児童福祉施設の設備及び運営並びに里親の行う養育について、最低規準を定めなければならない。この場合において、その最低基準は、児童の身体的、精神的及び社会的な発達のために必要な生活水準を確保するものでなければならない」と定めていましたが、現行法では、「都道府県は、児童福祉施設の設備及び運営について、条例で基準を定めなければならない。この場合において、その基準は、児童の身体的、精神的及び社会的な発達のために必要な生活水準を確保するものでなければならない」とされています。さらに、同法第45条第2項では、「都道府県が前項の条例を定めるに当たつては、……厚生労

働省令で定める基準に従い定めるものとし、その他の事項については厚生労働省令で定める基準を参酌するものとする」(いずれの下線も著者)とあります。法律は、いわゆる「従うべき基準」と「参酌すべき基準」(あるいは「標準」)を定めたうえで「条例委任」することにしています。

つまり、①児童福祉施設の設備と運営に関する基準制定の主体が厚生労働大臣から都道府県に変更されたこと、②そのため、法律の施行が省令形式から条例形式へと法形式が変更されたこと、③基準の内容が省令の「最低基準」から条例の「基準」に変更されることになりました。このような新たな「条例委任」を、従来の委任条例と区別して、「法律規定条例」・「法律実施条例」と呼ぶことがあります。これらが、条例制定権の拡大として歓迎すべきことなのか、それとも「最低基準」の文言が法令から消えたことなどから国のナショナルミニマム責任の放棄とするのか議論のあるところです。[*6]

最近の条例の拾い読み

さいごに、最近の注目すべき条例を紹介します。

まず、「風俗営業等の規制及び業務の適正化等に関する法律」や旅館業法と条例との関係でも、愛知県の東郷町ラブホテル規制条例事件などで、職業選択の自由との関係、法律の趣旨、目的および規制手法などについて、法律と条例との目的・規制対象の同一性は認めながらも、条例による上乗せ規制・横出し規制を一切許さない趣旨とまではいえず、かえって地域の実情に応じた風俗営業などの規制を行うことは自治体の本来的な責務であるとして、適法であると判断しています(名古屋地判平成17・5・26)。[*7]

さらに旅館業法との関係では、最近の「民泊」条例が注目されます。「民泊」は、「国家戦略特別区域外国人滞在施設経営事業」(国家戦略特

区法第13条）のことですが、既存の旅館業者への影響が大きい特例です。東京都大田区ではさっそく条例で「民泊」規制緩和で対応していますが、東京都台東区では「民泊」についての独自の規制を置いています。旅館業法の「簡易宿所営業」の許可制度で十分であると考えているのでしょう。長野県軽井沢町では「民泊」の受け入れそのものに反対しているようです。いずれにしても、自治体によるきちんとしたチェックが必要でしょう。

　東京都の江戸川区情報公開条例改正（2016年10月）にもビックリです。「何人も、この条例に基づく行政文書の開示を請求する権利を濫用してはならない」（第5条第2項）、「実施機関は、第5条第2項に規定する行政文書の開示を請求する権利の濫用に当たる請求があったときは、当該請求を拒否することができる」（第7条第2項）。また、「開示請求に係る行政文書に不開示請求が記録されているため、被覆の処理をして開示を実施する場合における当該行政文書に係る被覆の処理に要する費用は、開示請求者の負担とする」とあります。これでは、開示請求の濫用であるとみなされれば情報公開はなされず、黒塗りにされればされるほど費用負担が増えるではないですか。憲法が保障する国民の知る権利や情報公開法の精神に反するとんでもない内容です。

　沖縄の辺野古新基地建設問題は、最高裁が、2016年12月12日に、辺野古にかかる国からの不作為の違法確認訴訟について、沖縄県の上告提起を棄却しました。司法は死んでしまう内容でした。国の対応がこのようなひどいものである限り、沖縄県は、新基地建設に対して徹底的に闘うことになるでしょう。この点では、「特定外来生物による生態系等に係る被害の防止に関する法律」の趣旨・目的を踏まえて制定された沖縄県「公有水面埋立事業における埋立用材に係る外来生物の侵入防止に関する条例」が有効でしょう。「公有水面埋立事業の実施による外来生物の侵入を防止することにより、生物の多様性を確保

し、もって祖先から受け継いだ本県の尊い自然環境を保全することを目的」(第1条)としており、国の生物多様性国家戦略にも沿うものになっているのではないでしょうか。「事業者は、その実施する公有水面埋立事業に伴い特定外来生物が付着又は混入している埋立用材を県内に搬入してはならない」(第3条)などと規定しています。この条例で搬入そのものを阻止することができるわけではないでしょうが、工事のチェックをするには十分なきっかけを与えます。[*8]

条例は国との対抗と協力の手段

このほかヘイトスピーチ禁止条例(たとえば大阪市ヘイトスピーチへの対処に関する条例)、空き家対策条例、あるいは公契約条例などなど、新たな行政需要に応じて、新たな施策が必要な条例がたくさんあって気になるところです。条例には、もちろん法律を補完する役割もありますが、場合によっては、「法律の範囲内」や「法令に違反しない限り」、住民の命や健康、あるいは環境を守るため、国と闘う法的論理であり手段でもあります。地方自治の本旨と国と地方の適切な役割分担を実現するため知恵を絞りましょう。

注
1　多くの批判があったことから、「漫画、アニメーションその他の画像(実写を除く。)で、刑罰法規に触れる性交若しくは性交類似行為又は婚姻を禁止されている近親者間における性交若しくは性交類似行為を、不当に賛美し又は誇張するように、描写し又は表現することにより、青少年の性に関する健全な判断能力の形成を妨げ、青少年の健全な成長を阻害するおそれがあるもの」とされました。

ちなみに、全国で唯一、18歳未満の子どもの性行為を処罰する条例(いわゆる「淫行条例規定」)がなかった長野県でも、2016年7月1日、ついに「子どもを性被害から守るための条例」が成立し、施行されることになりました。賛

否両論あるところでしょうが、罰則付きの条例で規制されないと子どもを守れない大人ってなんなのでしょうか。
2　地方自治法は、「普通地方公共団体は、義務を課し、又は権利を制限するには、法令に特別の定めがある場合を除くほか、条例によらなければならない」（第14条第2項）と定めています。この規定は、法治主義との関係では、とても大切な条文です。なぜなら地方公共団体が住民の権利義務にかかわる規制を行うときには、条例に基づかなければならないという法律の留保論（侵害留保説）を採用しているようにみえるからです。これは、条例が法律と同様の法的効果があり、規則よりも優先されるべきものであることを根拠づける意味もあります。
3　実際、現行の大気汚染防止法には、そのような定めがあります。また、たとえ条例が法律の規制していない領域・事項について先に規制していたとしても、あとから法律がこれを規制すれば、この法律に違反することになり許されないことにもなります。「法律先占」といいながら後先は関係ありません。
4　宇賀克也「条例の適法性審査」『法学教室』2011年6月号50頁以下。「地方分権一括法の施行後、条例の適法性を最高裁が緩やかに認める一般的傾向が認められるとはいいがたい」として、裁判においては、徳島市公安条例事件の枠組みが現在も維持されていると解されているようです。
5　「〔座談会〕政策法務の意義と到達点」『ジュリスト』2007年7月15日号91頁における磯崎初仁発言。
6　児童福祉法第34条の8の2も、「市町村は、放課後児童健全育成事業の設備及び運営について、条例で基準を定めなければならない」とするなど、学童保育についてほぼ同様の省令基準規定と条例委任規定を置いています。すでに「放課後児童健全育成事業の設備及び運営に関する基準」（厚生労働省令）が施行され、市町村が基準条例を定めるなどしていますが、財政措置の問題はあれ、「従うべき基準」は最低基準として、より豊かな学童保育（放課後児童クラブ）行政を市町村主体で行うべきでしょう。
7　ただし、京都府風俗案内所規制条例事件では、営業の自由にかかる立法府の合理的裁量の範囲を逸脱する規制は違法・無効としており（京都地判平成26・2・25）、営業の自由規制の難しさが垣間見えます。江戸時代からの日本の風俗の歴史をゆがめず、さりとて異常な商業的「フーゾク」を規制するにはどうしたらいいのでしょうか。

8　沖縄県赤土流出防止条例なども、沖縄の自治を殺そうとする国に対する十分な武器になります。第33回日本環境会議沖縄大会（2016年10月22日、23日）では、環境権を条例で定めることも提言されています。実現すれば、条例制定権の新たな地平が開かれます。

第11章　自治体と国との関係

> ●国と地方公共団体は対等・並立・協力関係へ
>
> 　1952年の地方自治法改正において、同法第10章の章名が「監督」から「国と地方公共団体との関係及び普通地方公共団体相互間の関係」に改められています（現在では、「第11章」）。
>
> 　これは、たかが章名の変更のように思われるかもしれませんが、明治憲法のもとでの府県・市町村に対する国の一般的・後見的監督＝上下主従の関係が、国・自治体間および都道府県・市町村間の関係が対等・並立・協力関係へと変わったことを本来、象徴する意味があったはずです。しかし、実際には、機関委任事務体制のもとで、国と地方公共団体との関係は上下主従の関係として続いてきました。その結果、国の地方公共団体に対する包括的な指導監督関係が席巻してきたのでした。
>
> 　それでは1999年地方自治法改正において、自治体に対する「国の関与」（市町村に対する「都道府県の関与」も同様の問題がありますが、ここでは除きます）の法的仕組みがどのように変わったのかをみてみましょう。

地方自治法が定める国の関与の意義

　地方自治法は、「関与の意義」の条項で、国の関与を、「国の行政機関」が、「固有の資格[*1]」を有する普通地方公共団体を名あて人として、

「一定の行政目的を実現するため」「具体的かつ個別的に関わる行為」として定義したうえで、具体的には、①「助言又は勧告」、②「資料の提出の要求」、③「是正の要求」、④「同意」、⑤「許可、認可又は承認」、⑥「指示」および⑦「代執行」の一方的関与と、「普通地方公共団体との協議」といった双方的関与の類型を法定しています。これらは、「関与の基本類型」（以下、「基本類型関与」）といわれていますが、この基本類型以外の「基本類型外関与」も、例外的な場合に限られますが、許されないわけではありません（以上、第245条第1項第1号から第3号まで）。

　ここでは、それぞれの関与の説明をする紙幅はありませんが、機関委任事務時代における国の一般的・包括的な指揮監督制度（なんでもありの関与）が廃止され、関与が限定的に列挙されることになったことが重要です。

　地方自治法は、「国と地方公共団体との関係に関する一般法」（「一般ルール法」）として位置づけられ、個別の法律で国の関与について定めようとする場合には、原則として、地方自治法の関与の基本類型のなかから選択し定めなければならないと考えられるようになったのです。

地方自治法が定める国の関与の原則

①関与の法定主義の原則

　国の関与は、「法律又はこれに基づく政令」（以下、「法令」）によらなければ、これらの関与を受けたり、必要とされたりすることはないという原則が定められました（第245条の2）。この関与の法定主義の原則は、国の関与には民主的正統性が求められ、地方公共団体は、法令に根拠がない国の関与には法的には従う必要がないことを明確化した点で画期的です。

②**関与の基本原則**

　関与の基本原則は、基本類型関与・基本類型外関与についての法令の立法原則・立法指針として、国の一般的尊重義務・配慮義務を定めたものです。

　まず、国の関与は、その目的を達成するために必要最小限度のもので、自治体の自主性・自立性に配慮しなければならないとしています。これは必要最小限度原則または比例原則と呼ばれています（第245条の3第1項）。また、できる限り、自治事務については代執行と基本類型外関与を、そして法定受託事務については基本類型外関与を定めることがないよう規定されています（同条第2項）[*2]。

　そのほか、自治事務に関する「同意」は例外的であり（同条第4項）、自治事務に関する「許可、認可又は承認」は原則的に認められず（同条第5項）、自治事務に関する「指示」は、緊急の必要がある場合等に限り例外的に認められることとされています（同条第6項）。これらは、自治事務と法定受託事務の性質の違いを踏まえた関与の原則あるいは限界を定めたものであり、関与に関する「一般法主義の原則」を定めたものといわれます。

地方自治法を直接根拠に行う国の関与

　地方自治法は、国の関与として、「技術的な助言及び勧告並びに資料の提出の要求」（第245条の4）、「是正の要求」（第245条5）、「是正の指示」（第245条の7）および「代執行」（第245条の8）の関与ができる場合を定めています。

　関与主体とされる各大臣は、個別法律の根拠を必要とせず、直接、これらの規定の要件を満たす限り、関与を発動することが可能とされています。ここでは、それぞれの関与の要件を説明しませんが、関与主体とされる各大臣以外の者がこれらの関与を行うときや、あるいは各

大臣がこれら以外の関与を行うときには、当然、地方自治法以外の個別法律の根拠が必要となります。[*3]

このように地方自治法は、関与の一般ルール法であると同時に、特定の関与については直接の根拠規定でもあるところに特徴があります。

訓令・通達の廃止と処理基準

機関委任事務にかかる一般的・包括的な指揮監督権を根拠に法的拘束力を有すると解されてきた訓令・通達は、自治事務と法定受託事務についてすべて廃止されました。

しかし、地方自治法は、「法定受託事務を処理するに当たりよるべき基準」（以下、「処理基準」）の制定を可能とし、処理基準については行政目的達成のための必要最小限度原則が定められました（第245条の9）。行政法学上は、その立法経緯からしても、処理基準には法的拘束力がないと解されていますので、地方公共団体には処理基準に従う法的義務はないと解釈すべきでしょう。[*4]

一方、自治事務について処理基準が想定されていないのは、自治事務の性質上、処理基準の制定を積極的に排除する趣旨があるものと解されます。

国の関与の適正手続

地方自治法には、国の関与の適正手続も定められました。

行政運営の公正の確保および透明性の向上に資する目的（公正・透明の原則）から、関与の基本類型ごとに、関与の方式、書面主義の原則、許認可等の基準・標準処理期間の設定および公表、ならびに届出の到達主義の原則などが定められました（第247条から第250条の5まで）。このことで、行政手続法第4条第1項が適用除外としてきた「国の機関又は地方公共団体若しくはその機関に対する処分（これらの

機関又は団体がその固有の資格において当該処分の名あて人となるものに限る。)」についての適正手続きが定められることになり、曲がりなりにも国と地方公共団体との間の公正・透明な手続の確保に一歩踏み出したことになります。

辺野古訴訟にみる国の関与の実際

　以上、地方自治法は、国と地方公共団体の対等・並立・協力原則や適切な役割分担の原則を理念として掲げ、国の関与の縮減・統制を目的として、それなりの関与の法的仕組みを模索してきたといえそうです。ここでは、辺野古訴訟で垣間見られた国の関与の実際をみてみることにしましょう。

①違法な代執行等関与

　ひとくちに辺野古訴訟といっても複雑怪奇ですから、国からの代執行訴訟と不作為の違法確認訴訟をみるだけにとどめたいと思います。

　防衛省沖縄防衛局の辺野古新基地建設を目的とする辺野古沖埋立承認出願は、仲井眞弘多前沖縄県知事によっていったん承認されましたが、翁長雄志沖縄県知事は、これを法的瑕疵あるものとして取り消しました。これが直接的な事件の発端です。

　これに対して、国は、行政不服審査法上の「国民」になりすまして審査請求や執行停止申立をするなど、いろいろな違法行為を重ねてきましたが、国土交通大臣の「代執行等関与」が最悪でした。地方自治法第245条の8は、代執行等関与について、①「都道府県知事の法定受託事務の管理若しくは執行が法令の規定若しくは当該各大臣の処分に違反するものがある場合又は当該法定受託事務の管理若しくは執行を怠るものがある場合において」、②「本項から第8項までに規定する措置以外の方法によつてその是正を図ることが困難であり、かつ、それを放置することにより著しく公益を害することが明らかであるとき」

に限って、代執行等関与としての勧告、指示および代執行訴訟が可能であると定めています。

この代執行等関与の要件規定は、関与主体である各大臣が知事の法定受託事務の処理を法令違反であるなどと判断するだけでは足りず、地方自治法が定める是正の指示など、代執行等関与より緩やかな関与をすべて尽くしてはじめて代執行等関与ができることを意味しています。

この代執行等関与は、関与の必要最小限度原則（あるいは比例原則）や一般法主義の原則を踏まえて規定されているものですが、これをまったく無視した代執行等関与の手続だったのです。さすがの福岡高裁那覇支部の裁判長・多見谷寿郎も、「和解」勧告で国を救済するしか打つ手がなかったことは、その後の裁判の経緯からも明らかです。

②違法な国からの不作為の違法確認訴訟

「和解」で救済された国は、「和解条項」のなかで最も大切な「円満解決に向けた協議」には目もくれず、直ちに関与のやり直しを始めました。翁長知事の埋立承認取消処分を取り消しなさいという是正の指示です。こともあろうに、この是正の指示も、「内容及び理由を記載した書面を交付しなければならない」（地方自治法第249条）という適正手続を無視したもので、理由記載なき違法なものでした。沖縄県の異議申立に基づき、国はまたまたやり直すという失態を演じました。

それにもめげず行われた国の是正の指示に対して、沖縄県は、地方自治法第250条の13に基づき、国地方係争処理委員会（以下、「国地委」）に審査の申出を行いました。国地委は、慎重に審議した結果、国と沖縄県の間における議論を深める共通の基盤づくりが不十分であり、たとえ国地委が適法・違法の判断をしたとしても、国と地方のあるべき関係を構築することは不可能であるとして、両者が普天間飛行場の返還という共通の目標に向けて真摯な協議を行い、双方が納得できる

結果を導く努力をすることが問題解決の最善の道であると結論しました。

　沖縄県は、国地委の判断を尊重し、国に対して直ちに協議の申し入れをしたのですが、国は、沖縄県が是正の指示に従っていないことを不作為と称して、不作為の違法確認訴訟を提起したのです。福岡高裁那覇支部は、2016年9月16日、国の主張を認め、沖縄県は敗訴し、ただちに上告および上告受理申立を行いました。その後、最高裁は12月12日、沖縄県の「上告提起」を棄却し、「上告受理申立て」の一部を排除し、その余については、12月20日、口頭弁論を開かないまま上告棄却の判決を言い渡しました。

③自治法読みの自治法知らず？

　翁長知事は、福岡高裁那覇支部の判決に対して「アゼン」とすると述べていますが、判決文をつぶさに読めば、大半の法律家も同様の思いを抱くことでしょう。

　残念ながら判決は、まずもって地方自治法の国と地方の役割分担原則に関してまったく無理解です。国防・外交に関する事務が「国の本来的事務」であり、その権限が国の専権事項であるかのような解釈をしています。なにより「国の説明する国防・外交上の必要性について、具体的な点において不合理であると認められない限りは、被告はその判断を尊重すべきである」といった上下主従の関係を想起させ、あたかも機関委任事務時代に逆戻りするかのような解釈は許されません。地方自治法の国と地方の役割分担原則は、けっしてそのような趣旨ではありません。自治事務・法定受託事務を問わず、地方公共団体が当該事務を処理する限りにおいて地方公共団体の事務であると規定しているのです。したがって、国と地方公共団体は対等・並立・協力する関係にあり、地方自治の本旨を尊重しながら事務を処理するために、それぞれに役割を分担するという原則なのです。

また、判決は、国地委の存在理由についても誤った解釈をしています。

　地方自治法は、たしかに国と地方との間の紛争の最後的解決を中立・公平な第三者である裁判所に委ねていますが、もう一つの紛争解決方法として、国地委に裁判所以上の実質的な解決を期待していることも忘れてはなりません。国地委は、現状において是正の指示の適法性について判断をすること自体を無意味として、両者の真摯な協議こそが最善の道であると判断したのです。この点、判決が、国地委を「行政内部における地方公共団体のための簡易迅速な救済手続」にすぎず、「紛争を解決できない立場」であり、その「決定内容には意味がな」いとまで断定していることは、国地委の存在意義を全く否定するものであり、1999年地方自治法改正の趣旨に真っ向から反するものです。

　1999年地方自治法改正の際、わたしは、「地方分権改革」そのものが新自由主義的改革の性質を帯び、憲法が保障する地方自治の具体化にふさわしくない内容があることを強く批判しました。とくに「未完の分権改革」論のなかで展開された市町村合併論にはいまでも反対です。ただ、辺野古訴訟で実感したことは、地方自治法は、違法・不当な国の関与に対して、地方公共団体が使える手段はそれなりに用意しているということでした。それに対して、国は、1999年地方自治法改正の趣旨・目的あるいは具体的な制度内容をまったく理解していないことがよくわかりました。より深刻なのは、裁判官の不勉強です。もし福岡高裁那覇支部の多見谷裁判長のように、機関委任事務時代の国地方関係の亡霊を追っている裁判官がほかにもいるとしたら、国の関与は、行政的関与・立法的関与のほか、「司法的関与」も批判的に検討すべきでしょう。

あるべき国と地方との関係の構築を

　国と地方公共団体の対等・並立・協力の原則、あるいは国と地方の適切な役割分担の原則からすれば、地方自治法において国からの一方的関与が中心に定められていることに、そもそもの問題がありそうです。本章のテーマも、「国の関与」を考えることが中心になっていますが、このことが原因です。

　本来、国と地方との関係は、対等関係を前提とした双方的関与を理想とすべきです。もちろんその双方的関与の具体的な方式については、「協議」をはじめとして、さまざまな知恵と工夫を集めて議論すべきでしょうが、その際、大事なことは、国が関与しなければ地方は違法な事務処理を行うものだとか、地方の違法を正すのは唯一国であるといった幻想はそろそろ捨てるべきです[*7]。

　さらに、国と地方の双方的関与に加えて、市民・住民が国と地方の政治・行政を正すことができるよう、「市民的・住民的関与」の仕組みをもっともっと地方自治法に埋め込むべきです。住民主権・住民自治を基本にしたあるべき国と地方との関係を構築する努力が不可欠です。

注

1　「固有の資格」は、地方自治法以外にも、行政不服審査法第7条第2項および行政手続法第4条第1項でも使われる用語です。一般に、「一般私人が立ち得ないような立場」と解されたりしますが、「固有の資格」に当たるかどうかの具体的判断については議論のあるところです。一般に、「固有の資格」に当たると主張されるところのものに、水道法第6条の水道事業の経営の認可または同法第26条の水道用水供給事業の認可にかかる市町村、都市計画法第59条の都市計画事業にかかる市町村などは「固有の資格」を有する者といわれるところです。辺野古訴訟においては、まさに公有水面埋立法の埋立承認申請にかかる国が「固有の資格」を有する者かどうかが争点となりました。

2　そこで、自治事務については「国の直接執行」(一般に「並行権限」ともいわれます)の定めが置かれ、国の行政機関が自治事務と同一の事務を自らの権限に属する事務として処理する場合の通知義務が定められました(地方自治法第250条の6)。具体例としては、建築基準法第17条第7項の国の利害に重大な関係がある建築物にかかる建築確認などがあります。この「国の直接執行」は、あくまでも国の権限に属する事務ですから関与とは解されていないため、関与の適正手続(公正・透明の原則)の適用もありません(地方自治法第246条)。

3　ところが実際には、「技術的な助言又は勧告」が、なんの内部委任(専決)手続もなく、各省庁の担当課長などの名で「通知」や「事務連絡」として発出されており、一見すると訓令・通達に代わる機能を果たしているようにみえます。さすがに、是正の指示など権力的関与については、内部委任規定があるようですが、関与主体や関与方式に問題がありそうです。

4　ただし「宗教法人法に係る都道府県の法定受託事務に係る処理基準」の法的効果が問題になった事件では、第1審(鳥取地判平成18年2月7日)および第2審(広島高裁松江支部判平成18年10月11日)は、当該「処分基準」を「文部科学大臣から文化庁次長に対して与えられた職務権限に基づいて定められた処理基準」と解して、鳥取県情報公開条例が規定する「実施機関が従わなければならない各大臣等の指示その他これに類する行為」に該当し、これに法的拘束性を認めてしまいました。処理基準が訓令・通達を代替する役割を果たすことになれば、地方自治法改正の趣旨からおおいに問題です。

5　国からの不作為の違法確認訴訟は、そもそもは、国立市や矢祭町などの住基ネットへの不接続(自治事務)を契機として、違法な自治事務の処理の是正を目的とする是正の要求の機能不全に処するものとして制度化が検討されたものでした。最終的に地方自治法では、法的受託事務も対象になりました。その理由は、あくまでも「代執行になじまない」法定受託事務があることを想定してのものであったことは、総務省・「国・地方間の係争処理のあり方に関する研究会」の議事録から明らかです。本件のような場合、地方自治法の趣旨からして、本来、不作為の違法確認訴訟の提起そのものを慎むべきです。

6　一連の辺野古訴訟については詳述の紙幅がないので、とくに徳田博人・前田完孝ほか『Q&A辺野古から問う日本の地方自治』(自治体研究社、2016年)、紙野健二・本多滝夫編著『辺野古訴訟と法治主義』(日本評論社、2016年)の単行本のほか、拙稿「辺野古新基地建設問題における国と自治体との関係」法律

時報第87巻第11号（2015年）114頁以下、「法治の中の自治、自治の中の法治―国・自治体間争訟における法治主義を考える」吉村良一ほか編『広渡清吾先生古希記念論文集　民主主義法学と研究者の使命』（日本評論社、2015年）245頁以下、「辺野古代執行訴訟の和解後の行政法論的スケッチ」自治総研第451号（2016年5月号）1頁以下、「辺野古埋立承認取消処分に関する国・自治体間争訟の論点」自由と正義第67巻第4号（2016年）76頁以下、「沖縄の自治への闘争から考える立憲地方自治」『日本国憲法の核心』（日本評論社、2017年）75頁以下なども参照いただきたい。

7　行政法学者の櫻井敬子は、この間の「地方分権改革」が観念的に過ぎ現実離れしており、地方自治法改正は積極的な立法事実をもたないものであった。「自主的で自立的な地方公共団体」が存在しないがゆえに地方自治法の存在が認められるという背理を特徴とするものであると批判しています。地方公共団体のあるべき姿を示す法規範であるはずの地方自治法が地方の現実態とのギャップに深く呻吟し軌道修正を迫られているという批判にも耳を貸す必要がありそうです（『自治総研』第422号、2013年12月号、55頁以下参照）。

第12章 地方自治を護るために

●地方自治の憲法魂

2016年12月12日、最高裁は、辺野古にかかる国からの不作為の違法確認訴訟について、沖縄県の「上告提起」を棄却し、「上告受理申立て」の一部を排除し、その余については、同年12月20日、口頭弁論を開かないまま判決を言い渡しました。「国勝訴、沖縄県敗訴」の報道がまかり通ります。なぜ日本政府が、沖縄県と沖縄県民の基本的人権や地方自治をここまで踏みにじって平気でいられるのか。なぜ国会は、弱者をつぶすTPP法案、老人いじめの年金カット法案、賭博推進のカジノ法案を強行採決し、共謀罪（いわゆる「組織的犯罪処罰法改正案」）を強引に成立させようとすることに平気でいられるのか（2017年6月15日成立）。そしてなによりも、多くの日本人が、なぜかくも残酷な政治・行政を「支持」しているのか。唖然・呆然・愕然です。ここで地方自治の憲法魂を書き留めて、希望の出発点にしたいと思います。

世界の"中心"で自治を叫ぶ！

本書は、序文でふれた1995年の沖縄の「満腔の怒り」に想いをいたしながら、「近くの人権」だけではなく、「遠くの人権」についても想像力をもって、人間のための地方自治を探究してきました。しかし、いまだに沖縄では、米兵による女性への暴行はやまず、高江のヘリパ

ッド建設では、機動隊が住民を「土人(どじん)」と罵りながら殴りつけ、ついにはオスプレイが墜落しても、在沖米軍海兵隊指揮官は、「沖縄県民は勇敢な兵士に感謝すべき」と言い放ち、パイロットをヒーローとたたえてやみません。沖縄は、いまだにアメリカの「占領下」あるいは「植民地」とされているようなありさまです。

　地方自治とは、本来、人間が生きるか死ぬかのギリギリの選択がかかった大事な問題のはずなのですが、わたしたちの理解はなかなかそこまで及びません。その原因の一つに、「中央と地方」、「真ん中と端っこ」あるいは「中心と周辺」といった前提があり、しかも中央＝真ん中＝中心がエラくて大事、地方＝端っこ＝周辺はダメで些事(さじ)と決め込んでいる考え方があるのでしょう。このような考え方によれば、地方は、日常的には忘れられ、下手をすると金がかかる厄介な存在として疎んぜられる存在であり、中央の役に立つ限り（たとえば基地や核のゴミ捨て場として）消費される存在にすぎないのです。だから、沖縄の人権と自治が、忘れられ、犠牲にされ、切り捨てられても、多くの日本人は、のほほんと生きていられるのではないでしょうか。

　しかし、「世界の中心で愛を叫ぶ」ではありませんが、わたしたちが生きて暮らすその場所（地域）こそが、いつも世界の真ん中であり大切であることを忘れてはいけません。日本国憲法は、そのためにわざわざ地方自治を保障しているのです。

「そこのけそこのけ安保が通る！」が許されるのか

　辺野古訴訟福岡高裁那覇支部判決（2016年9月16日）は、辺野古新基地建設が日米安全保障条約と日米地位協定（以下、この体制を「安保」という）に基づくものである限り、具体的な法律の根拠がなくても、憲法第41条（国会の唯一立法機関性）や第92条（地方自治の本旨）に違反せず、自治権侵害の問題は生じ得ないと書いています。こ

れは、「そこのけそこのけ安保が通る」といわんばかりの議論です。自治・自治権の保障というけれど、安保があってこその自治・自治権でしょうといった「安保の中の自治」とでもいうべきものです。[*1]

しかし仮にも、日本が「法律による行政の原理」を重視する「法治国家」であるというからには、「安保の中の自治」を正当化す

沖縄県宜野湾市普天間基地に並ぶオスプレイ（2015年10月19日、嘉数高台公園にて編集部撮影）

るかのような「安保による行政の原理」は許されるはずがありません。たしかに憲法が定める「地方自治の本旨」は多義的であり、自治権保障の具体的な中身はさまざまですが、憲法学・行政法学・地方自治法学の議論の動向からすれば、少なくとも自治権のなかに、行政自治権・財政自治権のほか、平和自治権、環境自治権あるいは自己形成（発展）権などが含まれるものと考えられます。

行政は、なにより憲法が保障する基本的人権や基本的価値・原理に基づくべきです。このような考え方は、「憲法による行政の原理」というべきものであり、憲法を具体化する法としての地方自治法も含めて、地方自治保障の最高原理とすべきところでしょう。

「中央集権の岩盤」を突き崩す

さて、この20年余にわたる地方分権改革について、神野直彦氏は、その改革理念の提示、機関委任事務制度の廃止、国の関与の基本的ル

ールの確立、法律による義務付け・枠付けの見直しや事務権限移譲の改革の具体化など、地方分権改革の基盤はおおむね固められたと総括しています。そのうえで、「分権改革は新たなステージを迎えた」として、「提案募集方式」や「手挙げ方式」の手法を駆使して、地域社会の「多様性」を重視し、自治体の「発意」による改革を進めることがこれからの課題であるともしています。

　しかし他方では、元自治省官僚・総務省官僚からさえ、この間の地方分権改革が「中央集権の岩盤」に踏み込むことができなかったという反省も聞こえてきます。では、この「中央集権の岩盤」っていったいなにを意味するのでしょうか。わたしは、たとえば辺野古訴訟において、「国防・外交」が「国の専権事項」あるいは「国の本来的事務」であるといわれたり、国からの代執行訴訟があたかも旧職務執行命令訴訟のように運用されたり、違法な是正の指示が行われたり、国地方係争処理委員会の存在理由が否定されたり、そして違法な国からの不作為の違法確認訴訟が提起されたりしたことが典型的な「中央集権の岩盤」であると思っています。神野氏をはじめとする地方分権改革に直接携わった関係者の見解を聞きたいところです。

　櫻井敬子氏は、地方分権改革や地方自治法改正が理念とする「自主的で自立的な地方公共団体」など、そもそもわが国には存在しないと厳しい分権改革批判をされていますが、沖縄県・沖縄県民は、「中央集権の岩盤」に対して果敢に戦っているのではないでしょうか。沖縄・沖縄県民は、地域に住み、地域で暮らし、地域の未来を考える地方自治・地域自治のあり方を示してくれています。沖縄県民の「戦う民意」に裏付けられた沖縄県の地方自治への闘争は、「中央集権の岩盤」を突き崩す「自主的で自立的な地方公共団体」のひとつのあり方を示すものです。

裁判所は地方自治（自治権）の守護者たるべき

　しかし、辺野古訴訟では、国の政治・行政は、憲法が保障する地方自治を理解しようとせず、また、これを具体化する地方分権改革や地方自治法改正の理念や内容も理解しようとせず、沖縄の地方自治をつぶし、裁判所がこれをアシストするといった悲劇が起こりました。国の行政も裁判所も、あたかも機関委任事務時代の亡霊（国と地方の上下主従関係・命令服従関係）を追っているかのようです。

　わたしは、かねてより憲法が保障する地方自治を絵に画いた餅にしないために、自治権を裁判によっても保護される権利と解すべきであると主張してきました（「裁判の保護に値する地方自治」論）。しかし、辺野古訴訟では、みごとに裏切られてしまいました。最高裁は、「辺野古が唯一」といった政治判断に基づき憲法や地方自治法の誤った解釈をした福岡高裁那覇支部判決を是正しませんでした（2016年12月20日）。同じようなことが国立市景観訴訟にかかわる、元国立市長・上原公子氏に対する住民訴訟でも起こっています。最高裁は、上原氏の政治理念に基づく正当な職務権限の行使が住民運動を煽る違法な行為であると判断した東京高裁判決を是正しませんでした（2016年12月15日）。

　憲法判断が求められる重要な事件であるにもかかわらず、最高裁が上告を棄却し、上告受理申立てに対しても、弁論を開かないまま判決をくだす事件が続いています。最高裁が多忙であることは十分理解できますが、最高の公正・中立・透明な第三者機関として終局的な法的判断をすべき裁判所が、制度や論理の陰に隠れて事実を見ない、あるいは事実すら歪める判断をするようでは「法治国家」が泣くではありませんか。国が容易に地方公共団体に関与したり、安心して訴訟を提起したりできるような裁判所の雰囲気そのものを顧みる必要がありま

す。裁判所の批判的精神が問われます。裁判所には、地方自治の守護者として、地方自治（自治権）の実効的保護を期待したいところです。[*5]

国と地方の循環関係の確立

　地方自治法における国と地方との関係をめぐるキーワードは、いうまでもなく両者の対等・協力関係と適切な役割分担関係です。しかし、これは、あくまでも両者の原則的な関係を描写するだけであって、実際には、国と地方公共団体との間の法秩序をどのように形成するかの具体論が不可欠です。地方公共団体は、国とともに、憲法が保障する基本的価値および基本的人権の保障を具体化するといった共通の目的を持った統治団体です。したがって、国と地方公共団体の対等・協力関係にしても、両者の適切な役割分担の関係にしても、憲法が保障する基本的価値および基本的人権を重畳的（二重三重）に保障する限り意味があることになります。

　しかし、辺野古訴訟をとおして、国と沖縄とのいびつな関係が見えてしまいました。沖縄の人々は、生まれたその時から、軍用機の爆音と墜落の恐怖と共に生きることを強制されます。「基地経済」への依存も強制されてきました。これは、日本政府が沖縄県に対して安保政策への従属を強いる関係であり、いわばこの国の格差と貧困を固定化し再生産する政策のもとに地方を置くものであり、国と地方との間のいびつな関係が集約されたものです。

　この関係を解消するためには、本当の意味での国と地方との対等・協力関係や適切な役割分担関係を構築しなければなりません。そのためには、まずは国を中心・地方は周辺、あるいは国を起点・地方は終点といった考え方を捨てることが大切です。国と地方は相互に独立・「異存」しながら、しかし個別問題ごとに共働する関係であると考えることが重要です。たとえばドイツでは、国土計画策定過程におい

て、国と地方の計画間の「対流原則[*6]（Gegenstromprinzip）・対流手続（Gegenstromverfahren）」の法制度が具体化されており、国土計画が一方的に策定されることが周到に回避されています。

　わたしは、このような「対流原則」・「対流手続」の制度を国・自治体間における「循環」関係の手本であると考えています。国と地方との関係は、地方の国政参加の一層の充実化はもとより、地方に対する国の支援も欠かせません。立法と行政における国と自治体との接合（重ね合わせと引き離し）をどうするかの問題は、両者の関係における循環構造の構築と考えています。

「上（かみ）ってる」場合じゃない
「地産地消」プラス「知産地生（ちさんちしょう）」

　日本には八百万（やおよろず）の神が存在するといわれますが、AKB48にも「神セブン」が存在し、「神対応」だとか、「神ってる」という言葉も流行語となっています。地方自治の領域では、「神ってる」ではなく、どうも「上ってる」ことが多いようです。国の通達が全廃されたいまでも、国を「お上」と奉り、国の「指示」を仰ぎたがる自治体や自治体職員が多いことには呆れます。

　だったらどうするか。簡単です。自治体・自治体住民が、国や他人のデザインしたもので幸せになろうと思うことを直ちにやめることです。自治体の意思決定を国に任せる民主主義を直ちにやめようではありませんか。自治・自治体のデザインは、住民自らの手でやるべきです。

　ずいぶん昔になりますが、梅棹忠夫（うめさおただお）氏は、人間の知的活動が、何か新しい情報の生産に向けられているような場合を表現すること、つまり知恵、思想、考え、報道、叙述など、とにかく頭を働かせ、何か新しい事柄を人にわかるかたちで提出することを「知的生産」と定義し

ました。わたしは、いま自治体・自治体住民に不足しているのは、地方自治領域における「知的生産」ではないかと思います。自らの地域を活性化し、自治を再生するためには、住民自身が自治をデザインすることから始めなければなりません。

「地産地消」の考え方は、ずいぶん定着しました。これにプラスして、住民の「知的生産」に基づき、その「知的生産」を地域に生かす「知産地生」を実践すべきときです。そこから自治が始まります。

柔張る約束 Love & Passion for Justice!

よく生物多様性の話を聞きますが、それに負けず劣らず、人間は多様です。一人ひとりの人間は、多様無比な存在です。地方自治の現場は、この人間の交差点ですが、それは人権の交差点でもあることを意味します。さらに、国と自治体あるいは自治体同士の関係は、自治が交差する関係であるともいえそうです。人間も自治体も多様ですから、この人権交差点や自治交差点を整理するのは、容易ではありません。しばしば交差点での事故が起こります。この人権交差点や自治交差点での事故を法的に解決する役割を担うのが裁判所です。

裁判所には、国家が憲法や法律に違反して違法に人間を操ろうとしたり、国の行政が自治体の行政を違法に操ろうとしたりするとき、その誤った操りの糸を切る役割が与えられているのです。その裁判所が、憲法や法律の仕組み、あるいは法律学の理論を無視して、三文小説のような判決を書いていては話になりません。裁判所には、人間の自立・自律のために不可欠な人間の尊厳や基本的人権の保障といった立憲主義や法治主義にかかわる問題、あるいは地方自治などの民主主義の問題についての深い理解と見識が求められます。裁判所は、まさに法と正義を守る最後の砦なのです。人間は、正義を否定されると生きていけない存在です。裁判所には、とことん正義の味方であってほしいと

願います。

わたしが本書のなかで考えてきたことは、「民主主義の揺らぎ」ともいえる現象が散見されるなか、「制度化される民意（選挙で示される民意）」「制度化されない民意（選挙で示されない民意）」の問題でした。いずれにしても、民意だということそのものには意味がないように思います。民意がいかなるプロセスでいかなる内容で合意されたかが重要なようです（「合意された民意」）。日本の自治体民主主義は、この点では、まだまだ発展途上です。[*8]

最後にどうしてもいっておかなくてはいけません。わたしたちがいま直面している危機は、残念ながら、わたしたちが自分のものだと信じていた立憲主義、法治主義、民主主義、地方自治が、まだまだ借り物にすぎなかったということです。2015年の安保法制の議論を皮切りに、SEALDsもママも学者も、いやほとんどすべてのジャンルの有志がはじめて街頭でこれらの価値を語り始めました。忘れられていたあるいは未成育だった日本の立憲主義、法治主義、民主主義、地方自治を本当の意味で動かそうとする運動の始まりです。わたしもその一員として柔張る約束をして筆を擱きます。Love & Passion for Justice!

注

1 　警察法・警察行政法の領域で、一時、「安全の中の自由」という議論が流行しました。ごく簡単にいえば、いくら自由・自由権の保障と叫んでも、安全が確保されてはじめて個人の自由が保障されるんでしょ、という議論です。でも、冷静に考えれば、この「安全の中の自由」論には、なによりも安全を優先的に考えることから、安全のために個人の自由を過度に制限してしまう危険が内在することに気づきます。わが国の安全保障と自治の問題でも、同じようなことがいえそうです。白藤博行「『安全の中の自由』論と警察行政」『公法研究』第69号（2007年）45-68頁参照。

2 　神野直彦「地方分権改革と展望」『都市とガバナンス』Vol.22（2014年）5頁

以下。たしかに 1999 年地方自治法改正をはじめとして、「地方の自主性及び自立性を高めるための改革の推進を図るための関係法律の整備に関する法律」(通称、「地方分権一括法」)は、すでに「第 6 次地方分権一括法」まで施行されています。

3　地方自治制度研究会編『地方分権の 20 年のあゆみ』(ぎょうせい、2015 年)に所収された「巻頭座談会　地方分権の 20 年を振り返って」(初出は雑誌『地方自治』2014 年 2 月号から 8 月号)で、主要な地方分権改革関係者の総括がみられます。

4　樫井敬子「これまでの地方分権改革について」『自治総研』第 422 号 (2013 年 12 月号) 55 頁以下。

5　この間、地方六団体は、辺野古新基地建設問題に関して、ほとんど実効的な動きをみせていません。国と自治体の協議の場においても、地方創生や地方分権改革が協議事項とされていますが、議論された形跡はありません。全国知事会では、2016 年 11 月 21 日、ようやく「全国知事会米軍基地負担に関する研究会」を設置し、第 1 回研究会が開催されたようです。研究会座長・上田清司埼玉県知事の提出資料には、翁長知事の話を聞いて、「沖縄県は米軍基地経済で成り立っている県ではない」とはじめて知ったとの認識が示されています。

6　ドイツでは、連邦政府が広域計画の基本理念や基本原則を定め、下位計画はこれに整合することを求められます。しかし、同時に、州政府が定める州開発計画、州の地域計画会議が定める地域計画、そして市町村が定める地区計画(土地利用計画や地区詳細計画など)に対する配慮義務も課されており、それぞれのレヴェルでの計画間における調整の原則として、整合と配慮の「対流原則」が定められています。

7　梅棹忠夫『知的生産の技術』(岩波新書、1969 年)。

8　民主主義とは、本質的に手続きの問題です。辺野古訴訟では、行政手続や裁判手続についての浅はかな国の考えが露呈しました。たとえば沖縄県への国の関与にかかわって、代執行等関与手続を間違ったり、仕切り直して是正の指示を始めたのはいいけれど、理由を付記しない違法な是正の指示を発したり、国地方係争処理委員会において、その是正の指示では記されていなかった翁長知事の承認処分の「不当」を突然主張したり、行政手続などの民主的手続を無視・軽視する態度が目立ちました。この意味では、国の民主主義論、手続的法治主義論は、たいへん怪しいものです。

著者紹介

白藤　博行（しらふじ　ひろゆき）

専修大学法学部教授、弁護士。
1952年三重県津市生まれ、76年名古屋大学法学部卒業、86年ドイツ・ハイデルベルク大学留学後、名古屋大学大学院法学研究科博士課程（後期）単位取得満期退学。
1986年名古屋大学法学部文部教官助手、88年札幌学院大学法学部助教授、93年専修大学法学部助教授、96年専修大学法学部教授、現在に至る。
［学会活動］　日本地方自治学会理事長、日本公法学会理事、実務公法学会理事、民主主義科学者協会法律部会理事。
［その他］　日本学術会議会員

主な著作

『日本国憲法の核心』（日本評論社、2017年、共著）
『Q&A 辺野古から問う日本の地方自治』（自治体研究社、2016年、共著）
『現代行政法講座第1巻　現代行政法の基礎理論』（日本評論社、2016年、共編著）
『辺野古訴訟と民主主義』（日本評論社、2016年、共著）
『民主主義法学と研究者の使命』（日本評論社、2015年、共編著）
『新しい時代の地方自治像の探究』（自治体研究社、2013年）
『行政法の原理と展開』（法律文化社、2012年、共編著）
『3.11と憲法』（日本評論社、2012年、共編著）
『新基本法コンメンタール　地方自治法』（日本評論社、2011年、共編著）

地方自治法への招待

2017年7月25日　初版第1刷発行

著　者　白藤博行
発行者　福島　譲
発行所　㈱自治体研究社
　　　　〒162-8512　新宿区矢来町123　矢来ビル4F
　　　　TEL：03・3235・5941／FAX：03・3235・5933
　　　　http://www.jichiken.jp/
　　　　E-Mail：info@jichiken.jp

ISBN978-4-88037-669-1 C0032　　　　印刷／モリモト印刷株式会社

自治体研究社

新しい時代の地方自治像の探究

白藤博行著　定価（本体 2400 円＋税）

道州制が囁かれる今、住民に近い自治体でありつづけるための「国と自治体の関係」を大きく問い直す論理的枠組みを考える。［現代自治選書］

地方自治の再発見
――不安と混迷の時代に

加茂利男著　定価（本体 2200 円＋税）

何が起こるか分らない時代―戦争の危機、グローバル資本主義の混迷、人口減少社会―激流のなかで、地方自治を再発見する。［現代自治選書］

地方自治のしくみと法

岡田正則・榊原秀訓・大田直史・豊島明子著　定価（本体 2200 円＋税）

自治体は市民の暮らしと権利をどのように守るのか。憲法・地方自治法の規定に即して自治体の仕組みと仕事を明らかにする。［現代自治選書］

社会保障改革のゆくえを読む
――生活保護、保育、医療・介護、年金、障害者福祉

伊藤周平著　定価（本体 2200 円＋税）

私たちの暮らしはどうなるのか。なし崩し的に削減される社会保障の現状をつぶさに捉えて、暮らしに直結した課題に応える。［現代自治選書］

日本の地方自治 その歴史と未来　[増補版]

宮本憲一著　定価（本体 2700 円＋税）

明治期から現代までの地方自治史を跡づける。政府と地方自治運動の対抗関係の中で生まれる政策形成の歴史を総合的に描く。［現代自治選書］